Psicomotricidade relacional:
conhecendo o método e a prática do psicomotricista

inter
saberes

SÉRIE PANORAMAS DA PSICOPEDAGOGIA

Psicomotricidade relacional:
conhecendo o método e a prática do psicomotricista

Elisângela Gonçalves Branco Gusi

inter saberes

Rua Clara Vendramin, 58 . Mossunguê
CEP 81200-170 . Curitiba . PR . Brasil
Fone: (41) 2106-4170
www.intersaberes.com
editora@intersaberes.com

Conselho editorial
Dr. Alexandre Coutinho Pagliarini
Drª Elena Godoy
Dr. Neri dos Santos
Dr. Ulf Gregor Baranow
Editora-chefe
Lindsay Azambuja
Gerente editorial
Ariadne Nunes Wenger
Assistente editorial
Daniela Viroli Pereira Pinto
Preparação de originais
LEE Consultoria
Edição de texto
Olívia Lucena
Letra & Língua
Capa e projeto gráfico
Iná Trigo (*design*)
agsandrew/Shutterstock (imagem da capa)
Diagramação
Capitular Design Editorial
Equipe de *design*
Mayra Yoshizawa
Silvio Gabriel Spannenberg
Iconografia
Célia Regina Tartalia e Silva
Regina Claudia Cruz Prestes

Dados Internacionais de Catalogação na Publicação (CIP)
(Câmara Brasileira do Livro, SP, Brasil)

Gusi, Elisângela Gonçalves Branco
  Psicomotricidade relacional: conhecendo o método e a prática do psicomotricista/Elisângela Gonçalves Branco Gusi. Curitiba: InterSaberes, 2019. (Série Panoramas da Psicopedagogia)

  Bibliografia.
  ISBN 978-85-227-0032-5

  1. Aprendizagem 2. Capacidade motora 3. Psicomotricidade 4. Psicopedagogia I. Título. II. Série.

19-25600   CDD-370.155

Índices para catálogo sistemático:
1. Psicomotricidade e psicopedagogia   370.155

Cibele Maria Dias – Bibliotecária – CRB-8/9427

1ª edição, 2019.

Foi feito o depósito legal.

Informamos que é de inteira responsabilidade da autora a emissão de conceitos.

Nenhuma parte desta publicação poderá ser reproduzida por qualquer meio ou forma sem a prévia autorização da Editora InterSaberes.

A violação dos direitos autorais é crime estabelecido na Lei n. 9.610/1998 e punido pelo art. 184 do Código Penal.

Sumário

Apresentação, 13
Organização didático-pedagógica, 15
Introdução, 19

Capítulo 1 Fundamentos da psicomotricidade relacional, 22
1.1 Evolução epistemológica da psicomotricidade, 23
1.2 Surgimento da psicomotricidade relacional, 26
1.3 Psicomotricidade relacional: método, 31
1.4 Abrangência do trabalho psicomotor relacional, 35
1.5 Conceito da psicomotricidade relacional, 39

Capítulo 2 Psicomotricidade relacional e educação, 52
2.1 Interseção entre a psicomotricidade relacional e a educação, 53
2.2 Olhar psicomotor para a aprendizagem, 55
2.3 Elementos básicos psicomotores e a aprendizagem, 60
2.4 Psicomotricidade relacional no espaço da escola, 67
2.5 Psicomotricidade relacional: limites e possibilidades no limiar do século XXI, 71

Capítulo 3   Recursos utilizados na prática da
psicomotricidade relacional, 82
3.1 Materiais como mediação, 83
3.2 Relação com o psicomotricista, 100
3.3 Relação corporal, 104
3.4 *Setting* psicomotor relacional, 109
3.5 Rotina na psicomotricidade
relacional, 112

Capítulo 4   Jogo simbólico e espontaneidade, 122
4.1 Construção simbólica da criança, 122
4.2 Expressividade psicomotora, 126
4.3 Decodificação do brincar simbólico, 131
4.4 Brincar espontâneo, 135
4.5 Criatividade e espontaneidade, 138

Capítulo 5   Avaliação e intervenção psicomotora, 148
5.1 Escuta no brincar, 149
5.2 Inventário de observação para
avaliação, 151
5.3 Progressão no brincar, 153
5.4 Intervenção no brincar, 161
5.5 Família, escola e intervenção, 164

Capítulo 6   Formação e atuação do psicomotricista
relacional, 174
6.1 Formação pessoal, 175
6.2 Supervisão na formação do psicomotricista relacional, 178
6.3 Psicomotricidade relacional escolar:
benefícios e amplitude, 181

6.4 Psicomotricidade relacional na clínica, 185
6.5 Psicomotricidade relacional na empresa, 189

Considerações finais, 199
Referências, 201
Bibliografia comentada, 205
Respostas, 207
Sobre a autora, 209

Que esta obra seja inspiração para
a escuta

daquilo que não é dito, mas expressado
no brincar

Construções

Só me dei conta de que não
mais construía

Quando olhei para traz e me deparei com
o vazio

Vazio que assombra, que assusta o que
tem por vir

Só me dei conta de que não
mais construía

Quando as palavras me faltavam, as
ideias se espalhavam

E não mais focavam

Ideias que vêm e que vão,

Ideias que vão e se perdem na imensidão

Então, decidi continuar minha construção

Refiz, juntei, separei, selecionei, projetei
e construí

Construí com palavras, construí
com emoções

Construí com amor, construí com desejo

Construí com prazer, com sorriso...

Ufa...

A construção não é fácil, mas também
não é impossível

É preciso atentar-se à base e aos alicerces
para se dar conta

De que a construção não acontece sem
um começo, um meio e um fim.

Mesmo que esse fim seja sempre refeito,

Mesmo que esse meio esteja sempre
em modificação,

Mesmo que esse começo seja dolorido

Agora sim, a construção pode dar início

Florescer as ideias

Escancarar o prazer

E fazer por valer o viver!

Elisângela Gusi

Primeiramente, agradeço às crianças e aos adultos que participam diariamente de meu trabalho e pesquisa, por acreditar e confiar.

À minha família, esposo Rafael e filhos Sarah e Felipe, pela paciência e cumplicidade, além do amor incondicional que rege a energia para prosseguir.

Aos meus pais, Abel e Leonisa, por todo ensinamento de amor.

Aos amigos verdadeiros.

A Deus, energia suprema que faz iluminar nosso coração.

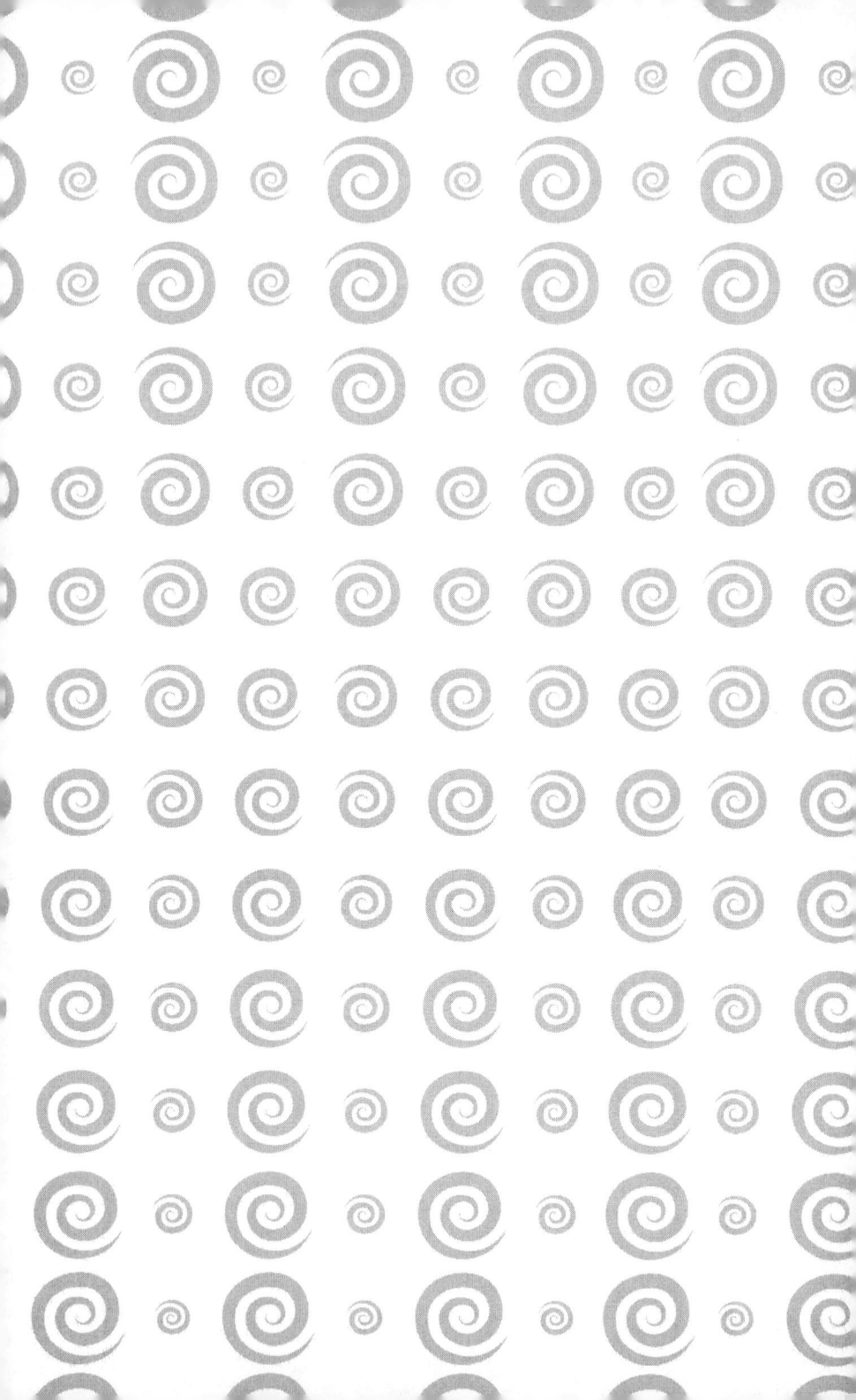

Apresentação

Com esta obra, destinada a estudantes de psicopedagogia e demais interessados, pretendemos apresentar a você, conhecimentos aprofundados do outro lado do oceano, de terras europeias, por meio de parcerias estabelecidas no Brasil e da prática diária com crianças e adultos.

O livro está dividido em capítulos sequenciais de conteúdo, os quais vão se aprofundando à medida que se revelam especificidades teóricas e práticas; trazem ações e subjetividades que ocorrem diariamente, assim como reflexões que o psicopedagogo poderá levar para sua prática clínica e institucional.

No primeiro capítulo, situamos a vertente da psicomotricidade relacional, seus aspectos históricos e conceituais, dando uma visão geral sobre o método criado por André Lapierre.

No segundo capítulo, abordamos a interseção com a educação, incluindo os aspectos básicos de desenvolvimento psicomotor fundamentais para a construção do desenvolvimento global da criança, incluindo a leitura e a escrita.

No terceiro capítulo, aprofundamos a análise da prática psicomotora e apontamos os recursos utilizados nesse método.

No quarto capítulo, intensificamos as reflexões sobre o jogo simbólico e o brincar espontâneo, bases do trabalho psicomotor relacional.

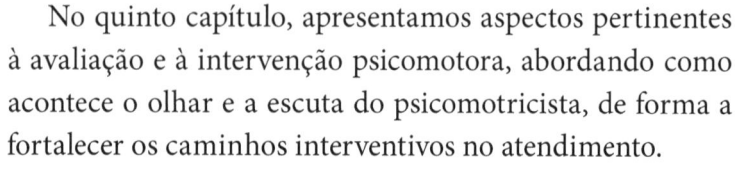

No quinto capítulo, apresentamos aspectos pertinentes à avaliação e à intervenção psicomotora, abordando como acontece o olhar e a escuta do psicomotricista, de forma a fortalecer os caminhos interventivos no atendimento.

Por fim, no sexto capítulo, examinamos informações sobre o campo formativo e de atuação nos diversos âmbitos da prática.

A psicomotricidade relacional é apaixonante, cujas diversas funções possibilitam muitas descobertas. Convidamos você a se apaixonar, nas entrelinhas, pelo olhar, pelo sentir, pelo corpo por meio do qual se aceita o outro, incondicionalmente, na linguagem do amor, da paz e da energia.

Boa leitura!

Organização didático-pedagógica

Esta seção tem a finalidade de apresentar os recursos de aprendizagem utilizados no decorrer da obra, de modo a evidenciar os aspectos didático-pedagógicos que nortearam o planejamento do material e como o aluno/leitor pode tirar o melhor proveito dos conteúdos para seu aprendizado.

Introdução do capítulo
Logo na abertura do capítulo, você é informado a respeito dos conteúdos que nele serão abordados, bem como dos objetivos que a autora pretende alcançar.

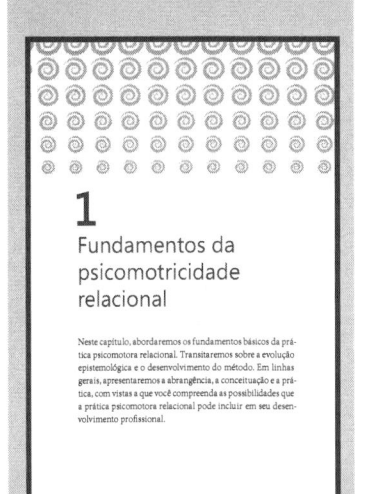

Síntese
Você conta, nesta seção, com um recurso que o instigará a fazer uma reflexão sobre os conteúdos estudados, de modo a contribuir para que as conclusões a que você chegou sejam reafirmadas ou redefinidas.

Indicações culturais

Nesta seção, a autora oferece algumas indicações de livros, filmes ou *sites* que podem ajudá-lo a refletir sobre os conteúdos estudados e permitir o aprofundamento em seu processo de aprendizagem.

Atividades de autoavaliação

Com estas questões objetivas, você tem a oportunidade de verificar o grau de assimilação dos conceitos examinados, motivando-se a progredir em seus estudos e a se preparar para outras atividades avaliativas.

Atividades de aprendizagem

Aqui você dispõe de questões cujo objetivo é levá-lo a analisar criticamente determinado assunto e aproximar conhecimentos teóricos e práticos.

Bibliografia comentada

Nesta seção, você encontra comentários acerca de algumas obras de referência para o estudo dos temas examinados.

Atividades de aprendizagem

Questões para reflexão

1. Os diversos setores de empresas, escolas, hospitais e outros espaços de serviços preocupam-se em capacitar seus profissionais com instrumentos técnicos e metodológicos de forma contínua. Muitas vezes, no entanto, não se lembram da relevância da formação pessoal. Essa formação tem o objetivo de alinhar o discurso técnico tanto ao campo pessoal quanto às relações interpessoais. Quais as implicações da formação pessoal nos campos escolar, clínico e empresarial?

2. Quais áreas de atuação você considera essenciais para a formação pessoal?

Atividades aplicadas: prática

1. Selecione, pelo menos, duas escolas, duas empresas e duas clínicas e investigue:
   a) Se desenvolvem a formação pessoal com seus funcionários.
   b) Em caso positivo, qual método utilizam, que aspectos reconhecem como benefício e que pontos consideram como desvantagem.
   c) Se consideram a formação pessoal parte da formação continuada.
   d) A periodicidade da formação pessoal.
   e) Caso não desenvolvam a formação pessoal, se conhecem algum método e os motivos da não adesão.

Bibliografia comentada

COSTA, J. Um olhar para a criança: psicomotricidade relacional. Lisboa: Trilhos, 2008.

O pesquisador português João Costa traça um apanhado histórico e esclarecedor sobre psicomotricidade. Também descreve características do atendimento clínico em psicomotricidade relacional.

LAPIERRE, A. Da psicomotricidade relacional à análise corporal da relação. Curitiba: Ed. da UFPR, 2002.

O livro apresenta a construção conceitual de André Lapierre sobre a psicomotricidade relacional e o trabalho terapêutico com adultos.

HURTADO, J. G. G. M. Dicionário de psicomotricidade. Porto Alegre: Prodil, 1991.

O livro é referência de consulta para o estudo da psicomotricidade, pois expõe conceitos e atividades dos diferentes têmas psicomotores.

LAPIERRE, A.; LAPIERRE, A. O adulto diante da criança de 0 a 3 anos: psicomotricidade e formação da personalidade. Curitiba: Ed. da UFPR, 2010.

Os autores apresentam uma experiência de pais e filhos com a prática psicomotriz relacional, além de tratar das características dos materiais utilizados e dos tipos de propostas nas brincas.

LAPIERRE, A.; LLORCA, M.; SÁNCHEZ, J. Fundamentos de intervención en psicomotricidad relacional: reflexiones desde la práctica. Málaga: Aljibe, 2015.

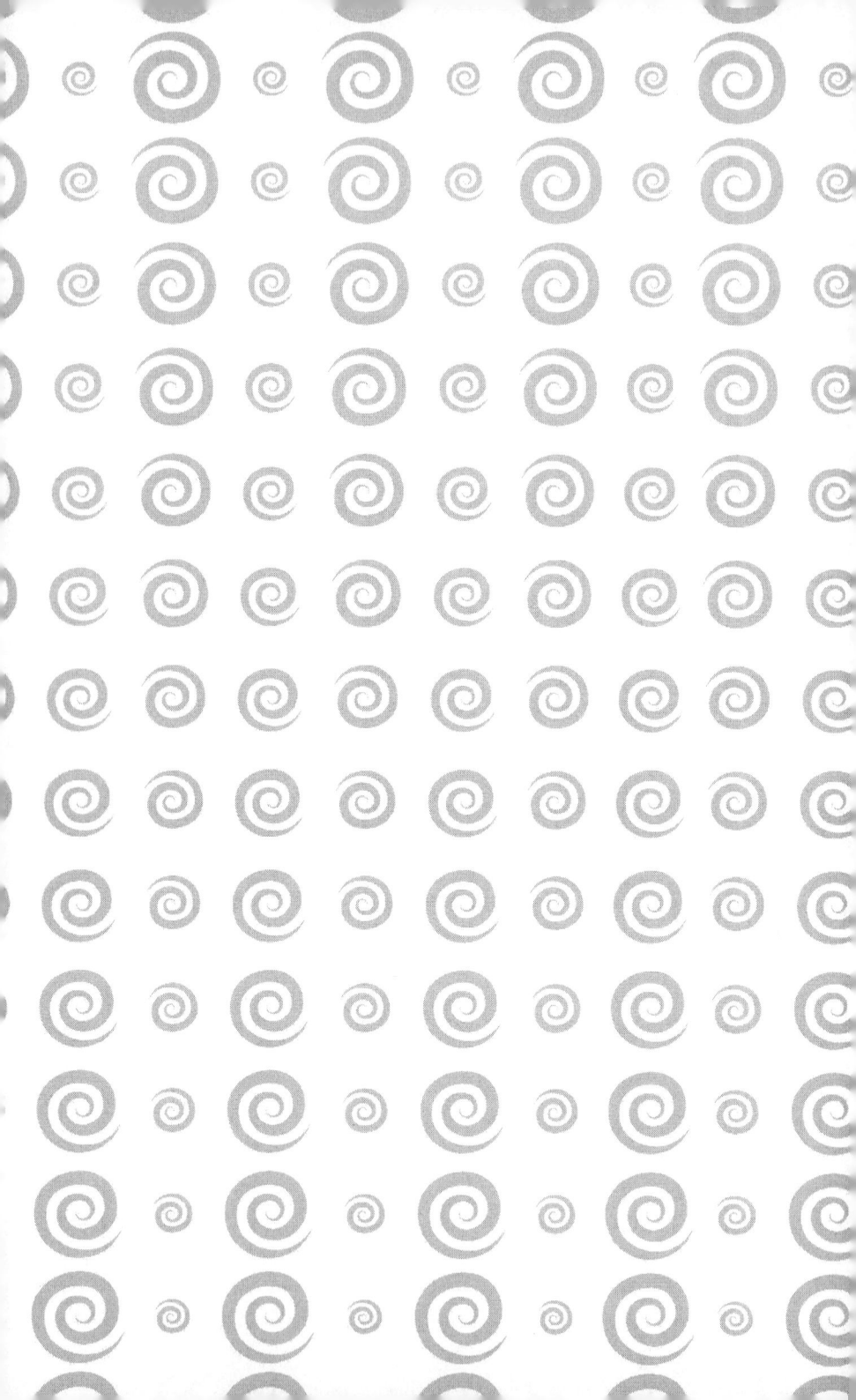

Introdução

Parece um conteúdo novo para muitos, mas a psicomotricidade foi entrando, pouco a pouco, em terras brasileiras. Evoluiu em pesquisas paralelamente aos estudos ligados à educação motora e à saúde das emoções. Assim como na Europa e na América, as características epistemológicas diferem as várias perspectivas que se perpetuam na prática: são mais de sete as vertentes da psicomotricidade já encontradas em pesquisas brasileiras.

A evolução epistemológica conduziu ao aspecto relacional com influência dos estudos de Henri Wallon (1879 - 1962) e da psicanálise, cujo objetivo é conhecer o outro pelo que seu corpo diz na espontaneidade, no contato com o prazer, o medo, a frustração, a afetividade, a agressividade, o simbólico. João dos Santos (1913 - 1987), que trabalhou com Wallon e tem formação em psicanálise e psiquiatria, trouxe uma visão avançada sobre o outro, em seu tempo, e influenciou profissionais da área a refletir sobre as ações mecânicas do corpo. Nesse ponto, compôs-se um olhar mais atento para as relações, reflexões das atitudes espontâneas que revelam sobre a subjetividade do outro.

André Lapierre (1923 - 2008) e Bernard Aucouturrier (1934 -) consideram tais reflexões relevantes para a superação da reeducação física, a construção de uma prática voltada à aceitação das ações espontâneas das crianças e ao interesse pelo desejo que apresentam. Assim, investem na espontaneidade e no jogo simbólico nas sessões de psicomotricidade e ampliam suas reflexões. Lapierre passa a chamar seu método de *psicomotricidade relacional*, e Aucouturrier se dedica, paralelamente, a seu formato próprio de trabalho.

A construção da prática psicomotora relacional trazida por Lapierre conduz a um trabalho fruto de um momento em que se priorizavam as relações, o entendimento sobre o outro, sobre suas habilidades e dificuldades, tanto relacionais quanto motoras e cognitivas. Trata-se de um momento no qual as academias de pesquisas europeias eram tomadas pela amplitude do ser inconsciente e de seu desenvolvimento. Tempo epistemológico que separa as dificuldades de doenças e agregam o trabalho terapêutico como forma de superação e até cura.

A psicomotricidade em uma abordagem relacional revela o acolhimento das demandas do indivíduo, abrindo um vasto campo de potencialidades para seu desenvolvimento global. Compreender esse método amplia a visão do profissional, agregando elementos de visão e escuta ao que o corpo diz, bem como situando as influências regidas pelas relações e traduzindo a comunicação mais autêntica do indivíduo, que se rege pelo amor.

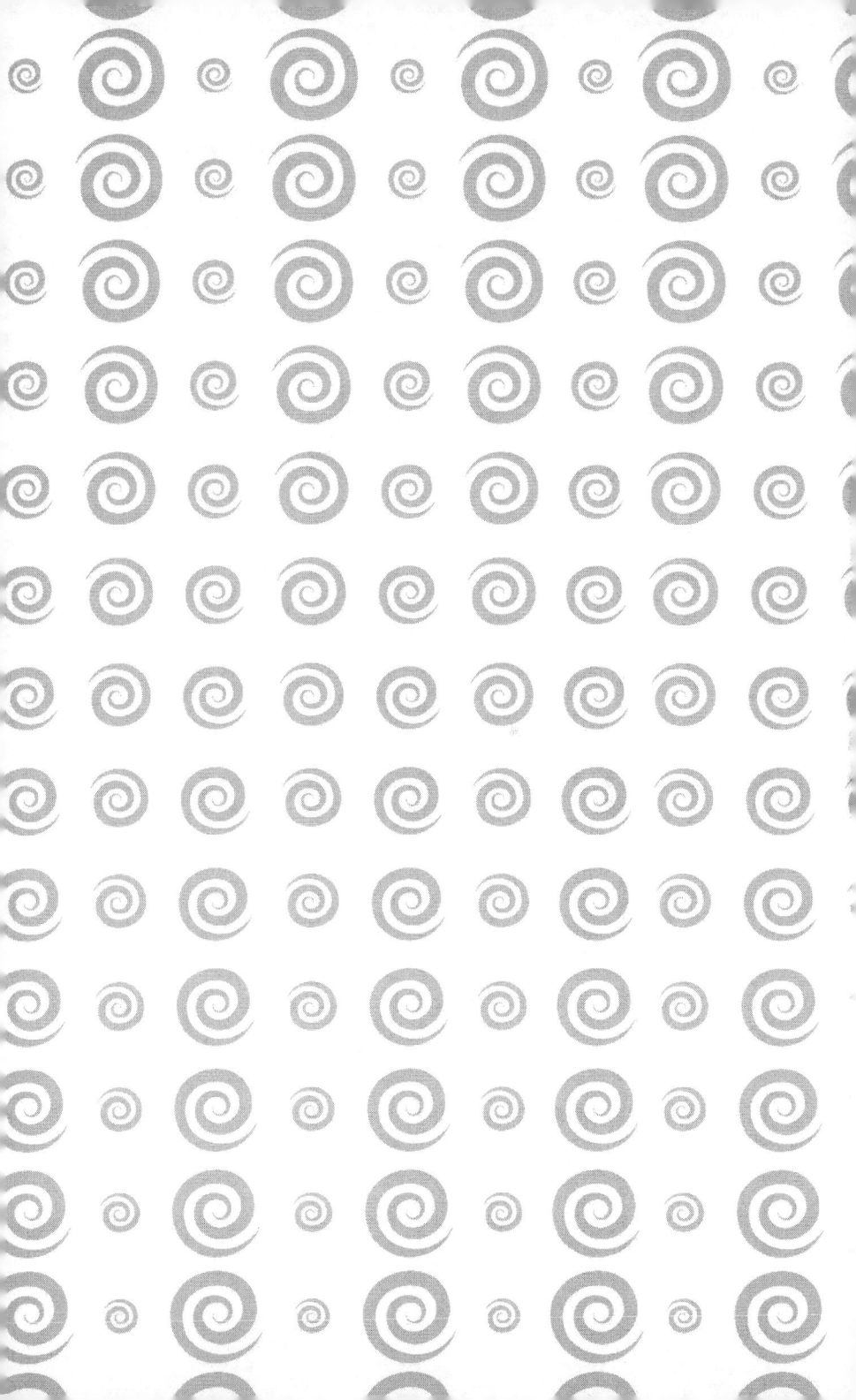

1
Fundamentos da psicomotricidade relacional

Neste capítulo, abordaremos os fundamentos básicos da prática psicomotora relacional. Transitaremos sobre a evolução epistemológica e o desenvolvimento do método. Em linhas gerais, apresentaremos a abrangência, a conceituação e a prática, com vistas a que você compreenda as possibilidades que a prática psicomotora relacional pode incluir em seu desenvolvimento profissional.

1.1
Evolução epistemológica da psicomotricidade

"O termo psicomotor surgiu pela primeira vez em 1870, quando Fritsch e Hitzig necessitavam de denominar uma região do córtex cerebral que ainda estava pouco esclarecida, cuja atividade ainda misteriosa seria mais ou menos 'a junção entre a imagem mental e o movimento'" (Costa, 2008, p. 29).

A evolução histórica da psicomotricidade perpassa a organização referencial da história do corpo, desde a saída do dualismo cartesiano até o paralelismo. No início, acreditava-se que o corpo não tinha relação com as sensações e os pensamentos, mas os estudos de Philippe Tissié (1852 - 1935), em 1901, já apontavam para a necessidade de perceber os exercícios físicos em relação ao movimento e ao pensamento. Ernest Dupré (1862 - 1921), neurologista, desde 1907, afirmava que nem sempre as incapacidades motoras estavam ligadas ao retardo mental. Denominava essas incapacidades de *síndrome da debilidade motora*, composta de sincinesias, paratonias e inabilidades (Costa, 2008).

> A figura de Dupré é de fundamental importância para o âmbito psicomotor, já que é ele quem afirma a independência da debilidade motora (antecedente do sintoma psicomotor) de um possível correlato neurológico. É esse neurologista francês quem rompe com os pressupostos da correspondência biunívoca entre a localização neurológica e as perturbações motoras da infância. (Levin, 1995, p. 4)

A partir de 1925, os estudos de Henry Wallon (1879 - 1962), contribuíram densamente para a relação entre o movimento e a afetividade, a emoção, as sensações, o meio onde a criança está inserida e os costumes por ela desenvolvidos (Costa, 2008).

Uma década mais tarde, Edouard Guilmain (1901 - 1983) determinou a reeducação psicomotora e delimitou modelos de exercícios para suprir as demandas mal reguladas na infância. O princípio era estabelecer a relação entre debilidade motora e debilidade mental; os aspectos tratados eram mecânicos e figuravam um lugar de reeducação dos movimentos (Levin, 1995).

Entre os anos 1947 e 1948, Julián de Ajuriaguerra (1911 - 1993) retomou os conceitos e advertiu que os transtornos psicomotores podem oscilar entre o neurológico e o psiquiátrico. Trata-se de um grande marco da psicomotricidade e alguns nomes tornaram-se referências nos estudos de diagnósticos e terapias psicomotoras: Merleau-Ponty apontou o corpo como o eixo do mundo, e Soubiran, J. Bergès, Diatkine, Jolivet, Lebovici, entre outros, desprenderam-se de uma técnica que visava somente reeducar e aderiram a formatos mais terapêuticos, levando em conta os aspectos relacionais e emocionais (Levin, 1995).

Por esse amadurecimento epistemológico – de um lado, os formatos terapêuticos e, de outro, uma pedagogia mais livre e aberta a escutar a criança –, muitos psicomotricistas passaram a buscar em estudos da psicanálise as respostas às atuações vivenciais emotivas. A esse respeito, são citados vários autores, como: M. Klein, D. Winnicott, S. Freud, W. Reich, P. Schilder, J. Lacan, F. Dolto, Samí Alí, entre outros.

Entre as décadas de 1960 e 1970, em terreno europeu, principalmente na França, as pesquisas e as discussões, tanto na área da saúde quanto na educação, focavam as relações que se estabelecem na pessoa como um todo, as sensações corporais em resposta às interações com o meio. Isso fez com que as práticas psicomotoras ganhassem novos formatos e uma postura mais relacional se fortalecesse.

João dos Santos (1913 - 1987), psicanalista, foi um ícone de extrema importância na região portuguesa, responsável por preconizar a psicomotricidade em 1965 na cidade de Lisboa, em parceria com Margarida Mendo – ambos médicos pedopsiquiatras (psiquiatria da infância e da adolescência). Os primeiros testes psicomotores foram realizados no Centro de Saúde Mental de Lisboa, instituição de sua responsabilidade e criação. João dos Santos compreendia que a saúde emocional da criança gravitava entre o corpo, o espaço e o conflito (Costa, 2008).

Na região francesa, André Lapierre (1923 - 2008) e Bernard Aucouturier (1934 -) despertaram para um modelo próprio, ligado à expressão motora livre. Data da década de 1970 a influência do olhar diferenciado em relação ao desejo da criança, a suas ações, a seus interesses e movimentos espontâneos, objetivando compreender o indivíduo, aceitá-lo e só então investir em auxílio.

No Brasil, segundo Bueno (2013), há documentos de registro da psicomotricidade a partir da década de 1950, e sua evolução epistemológica se constituiu como na Europa. A datar da década de 1970, o interesse maior pela psicomotricidade despontou no país. Certos da necessidade de aprimoramento e aprofundamento, a partir de 1980, profissionais da área organizaram muitos congressos. Françoise Desobeu, francesa, foi convidada para palestrar sobre terapia psicomotora e, mais tarde, também André Lapierre, Estevan Levin, Alfredo Jerusalinski, Bernard Aucouturier, Vitor da Fonseca, entre outros. Os cursos de formação também foram crescendo, e já na década de 1980 era possível encontrar dois cursos de graduação em psicomotricidade e vários cursos de especialização.

Essa evolução epistemológica destaca o aprimoramento da prática e, consequentemente, a criação de várias vertentes da psicomotricidade, tais como Ramain-Thiers, relacional e funcional, entre outras.

1.2
Surgimento da psicomotricidade relacional

A psicomotricidade, em seu desenvolvimento epistemológico, apropriando-se das tendências relacionais trazidas por Wallon, foi ampliando a capacidade de olhar para o outro e recebeu o adjetivo *relacional*, significando que não se prioriza mais a atividade motora mecânica, mas a relação, a espontaneidade, os desejos, as demandas e o prazer.

Na década de 1940, João dos Santos (2007), em seus trabalhos desenvolvidos com Wallon, solidificou a fundamental importância de um **olhar relacional de aceitação**, ligado às experiências simbólicas que cada criança expressa nas relações que estabelece, principalmente no diálogo corporal.

O psicanalista revolucionou sua época e seus escritos continuam atuais. Seu olhar prioriza a aceitação da criança, de seu próprio corpo, de como ela se coloca nas relações que busca, aceita ou rechaça.
Para João dos Santos (2007, p. 87),

> Todos os jogos e diálogo corporal que se possam promover ao nível da actividade escolar, facilitam o seu desenvolvimento autónomo e o aparecimento de outros espaços mais amplos que favorecem a adesão dos rituais da escola para a aprendizagem da linguagem escrita. Um desses planos é o operacional que a criança pode definir pela marcha e pela manipulação de objectos e que representa um território de segurança e de conhecimento que se poderia chamar de espaço lúdico ou espaço operacional.

Um pouco mais tarde, na França, sob o olhar de Lapierre e Aucouturier, são criados espaços para o desenvolvimento de crianças com atraso ou não ajustadas à sala de aula. Esses espaços superam a reeducação física e favorecem a **potencialização das capacidades** da criança.
Segundo Lapierre (2002, p. 31),

> Ao invés de reprimir as tentativas lúdicas das crianças, vamos aceitá-las e até encorajá-las. Isso nos vai permitir observar os comportamentos espontâneos de cada um, analisar os sentimentos que ali são experienciados e favorecer sua expressão simbólica para que possam ser descarregadas as tensões e elaborados os conflitos subjacentes. A partir dessa análise, nós também participaremos, desempenhando nosso papel nessas "partituras" imaginárias.

Embora João dos Santos já tivesse acrescentado o termo *relacional* à psicomotricidade, Lapierre sistematizou um método que considera a fala, a escuta do outro, o reconhecimento das habilidades, a apropriação dos sentimentos e as sensações que a criança não compreende ou a motricidade que não sabe como controlar, entre outros.

Inicialmente, o trabalho de Lapierre e Aucouturier (1984) deu abertura ao atendimento de crianças que tinham dificuldades como inibição, agitação, desordem no desenvolvimento, problemas de aprendizagem e que não conseguiam acompanhar o ritmo dos outros alunos – todas eram encaminhadas para o atendimento em psicomotricidade. Com essas crianças, tentaram diversas técnicas psicomotoras e de relaxamento, mas perceberam que o investimento simbólico as conduzia a movimentos mais prazerosos e ampliava suas capacidades relacionais.

O questionamento dos caminhos que estavam seguindo, os quais levavam em conta o direcionamento, fez com que constatassem as necessidades que as crianças tinham de explorar seus próprios movimentos de maneira espontânea e livre. Perceberam que essas crianças, quando entregues ao brincar simbólico – por exemplo, quando se faziam de mortas –, eram capazes de permanecer por muito tempo imóveis, mas, quando direcionados ao relaxamento, resistiam e confrontavam o poder (Lapierre, 2002). Essa ação das crianças mostrou-lhes que eram capazes de permanecer imóveis, mas que o desejo delas não estava alinhado à exigência dos adultos. Portanto, demandavam um olhar diferenciado, uma atenção a seus desejos e suas necessidades.

Em meio a um momento de valorização da fala e do desejo da criança, Lapierre e Aucouturier (2004) decidiram disponibilizar materiais da psicomotricidade e investir no brincar espontâneo que as crianças realizavam – brincar daquilo que cada um desejasse, à sua maneira. Esse movimento os fez perceber que aceitar a criança em sua inteireza, sua criatividade, tornava a prática mais interessante e mais pertinente aos objetivos desprendidos para aquele espaço. Em vez de direcioná-las ao relaxamento, permitiam que vivenciassem simbolicamente seus desejos. A postura que assumiam era de parceiros simbólicos, adultos que participavam da brincadeira com as crianças, com ideias trazidas por eles e com respeito às das crianças. A proposta era de aceitação incondicional.

A criança que se sentia aceita, permitia adequar melhor os limites e fazer um momento de relaxamento. Foi com base nessas observações que decidiram investir de imediato no brincar espontâneo e simbólico, vivenciando da afetividade à agressividade, permitindo à criança ser o que desejasse pela via do prazer, da parceria, do respeito, da criatividade e de sua própria maneira de ser e de estar inserida no grupo, sem deixar de lado sua individualidade.

Vários atendimentos e experiências com crianças levaram o trabalho que Lapierre e Aucouturier (2004) desenvolviam juntos à reflexão, e logo surgiram divergências a respeito da condução do trabalho e de suas subjetividades. Como destacamos, Lapierre (2002) denominou seu trabalho de *psicomotricidade relacional*, mas seguiu individualmente, rompendo a parceria com Aucouturier. Por sua vez, Aucouturier (2004) propôs uma prática alicerçada em instrumentos psicomotores e no planejamento da prática antes de dar início ao brincar. Esse rompimento foi de caráter metodológico, por isso ambos continuaram desenvolvendo suas atividades com grande benefício aos que dela se apropriaram.

Lapierre (2002) investiu em formar psicomotricistas relacionais e se utilizou, com os adultos, da mesma metodologia utilizada com as crianças, o que o fez constatar que ambos passavam pelas mesmas fases e progressões no brincar. Essa reflexão fez com que percebesse que, para formar psicomotricistas, seria indispensável a formação pessoal. Sobre a **formação de adultos**, afirmou:

> Trabalhar com adultos sobre a descoberta das noções fundamentais desembocava em situações muito artificiais, mas tinha, ao menos, a vantagem de colocá-los na situação do jogo. [...] Analisando seus comportamentos, eles eram obrigados a constatar que aquilo que tinham prazer em fazer era precisamente aquilo que reprimiam em seus alunos. (Lapierre, 2002, p. 32-33)

A formação de novos psicomotricistas, para Lapierre, comportava um espaço muito importante de desenvolvimento de profissionais que detivessem de um olhar diferenciado com relação à criança. A formação com abundante prática despertava as questões pessoais dos participantes, o que trouxe grandes reflexões ao formador sobre até que ponto poderia avançar nesse campo.

Portanto, a formação do psicomotricista se aliava não só à área teórica, prática, mas também à pessoal. Somente a partir do momento em que o profissional sentisse o que a criança

> sente, poderia compreendê-la. O psicomotricista que desenvolve seu trabalho na abordagem relacional deve envolver-se significativamente, e o investimento em suas questões pessoais precisa ser bem conduzido e aprimorado.

A psicomotricidade relacional foi ganhando espaço, ainda que muito lentamente, sendo implantada em clínicas e escolas. No Brasil, existem escolas que disponibilizam a prática na grade curricular, ou extracurricular, da educação infantil e do ensino fundamental, além de clínicas que disponibilizam o atendimento terapêutico.

Ao passo que as abordagens com características tradicionais investem nas atividades voltadas para as dificuldades que a criança oferece, na tentativa de superá-las, a prática psicomotora relacional propõe atenção aos desejos e às demandas das crianças, deixando de lado o foco na dificuldade.

1.3
Psicomotricidade relacional: método

A psicomotricidade relacional é um método que se volta especialmente ao desejo da criança, à sua aceitação incondicional, e que se utiliza da **afetividade** como comunicação principal. A denominação traz consigo o adjetivo *relacional*, apontando uma prática de valor especial para o brincar da criança; ao adulto, uma possibilidade de encontrar comunicação autêntica e interpretação de suas ações para o fortalecimento das intervenções.

Desde a década de 1950, João dos Santos (2007) preconizava essa escuta e defendia a relação *adulto* × *criança* para a valorização simbólica e a compreensão dos interesses da criança, utilizando a base psicanalítica para fundamentar suas ações. Posteriormente, Lapierre (2002), que realizou suas experiências com crianças e com adultos na década de 1970, propôs uma metodologia que dispõe até hoje de materiais que estimulam a criatividade da criança, investindo no simbolismo.

Os **materiais** oferecem a possibilidade de estabelecer relações ou potencializar o brincar, tornando a simbologia mais interessante e criativa. São bolas, cordas, bambolês, bastões, tecidos, jornais, caixas de papelão, paraquedas lúdicos, tijolos lúdicos e o tapete, aos quais se transfere o lugar de segurança e a organização do início e do final da sessão[1].

Além dos materiais, merece destaque a **posição do psicomotricista**, que, ao adentrar o brincar, coloca-se com disponibilidade corporal, adequando seu tônus ao tônus da criança, envolvendo-se com neutralidade e empregando reações interventivas às demandas trazidas pelas crianças.

O método contém uma rotina, que organiza as etapas que a criança vivencia durante o tempo da sessão. A **rotina**[2] é composta de: retirada dos sapatos, roda inicial, brincar, relaxamento, guarda dos materiais e roda final. Esses momentos são fundamentais para que a criança compreenda a ordem

• • • • •
1   Os materiais serão abordados no Capítulo 3.
2   Os detalhes de cada elemento da rotina serão explicados no Capítulo 2.

Fundamentos da psicomotricidade relacional 33

temporal dos acontecimentos e potencialize as reflexões pertinentes ao brincar.

Lapierre, em parceria com sua filha, Anne Lapierre, descreveu as fases e as progressões pelas quais as crianças passavam durante o atendimento contínuo das sessões (Lapierre; Lapierre, 2010). Os autores destacam que os adultos participantes da formação de psicomotricista seguiam a mesma progressão no brincar. Por esse motivo, nas fases descritas a seguir enquadram-se tanto crianças quanto adultos quando realizam as sessões de forma sucessiva. Essas progressões podem ou não ser sequenciais.

Fases do brincar

A primeira fase é a **inibição** e ocorre nas primeiras sessões. Nesse momento, os indivíduos não costumam propor nada, ficam distantes observando e, algumas vezes, querem sair da sala. Alguns esperam que outros indivíduos proponham algo.

A segunda fase é a **agressividade**. Trata-se de uma expressão corporal agressiva, geralmente contra o adulto (ou psicomotricista), em uma luta que se apresenta de forma gratuita. Sem motivo racional, a agressividade se impõe contra o que o psicomotricista representa – o poder, a autoridade. É um brincar agitado, muitas vezes, por exemplo, batendo bastões no chão ou na parede sem motivo, pelo desejo de expor uma agitação do corpo. Essa agitação se opõe ao domínio, é uma forma de expressão e de extravaso; as crianças precisam sentir a liberdade e desculpabilizar a agressividade. Simbolicamente, utilizam-se do movimento para se opor à autoridade e aos modelos organizativos já conhecidos. A partir do momento em que as crianças são aceitas da forma como se colocam[3], com sua agressividade, permitem ao psicomotricista um acesso com mais tranquilidade, o qual investe em outros conteúdos pertinentes às necessidades da criança.

A terceira fase é a **domesticação**. No brincar, o indivíduo coloca o psicomotricista como dominado, conduzido, e inverte a sensação de poder. Durante esse brincar, as relações aparecem de forma simbólica – as crianças prendem o psicomotrista como se fossem grandes guerreiras, viram donas de cachorros, cavalos etc. É relevante destacar que o psicomotricista, mesmo vivendo simbolicamente a submissão, não perde o poder diante do indivíduo, e que cada um sente a liberdade e o comando à sua maneira. Ao sair da situação simbólica do brincar, há um reestabelecimento da relação de poder, muito mais significativa e aceita pela criança.

A quarta fase é a **fusionalidade**. Atualmente, reconhece-se que nem todos passam por essa fase; além disso, para as crianças mais novas ou mais dependentes, essa é uma fase inicial. O indivíduo que já conseguiu liberar sua carga agressiva disponibiliza-se para abandonar-se a uma contenção afetiva. É uma entrega corporal e de muita calma e afetividade. A segurança é gerada e cada um escolhe o momento em que deseja voltar a brincar.

A quinta fase é a **agressividade simbólica**. Nela, a agressividade das lutas e de alguns jogos está presente, mas o indivíduo já demonstra um controle tônico, não mais necessitando monopolizar o psicomotricista; o brincar é agitado, porém há um controle e maior evidência simbólica das ações.

•••••
3   Com respeito aos limites de não se machucar e não machucar o outro.

A sexta e última fase é a de **jogo e independência**. Os indivíduos já não necessitam do psicomotricista, optam por desenvolver seu brincar de maneira independente e com autonomia, resolvendo seus conflitos e organizando-se para progredir no brincar.

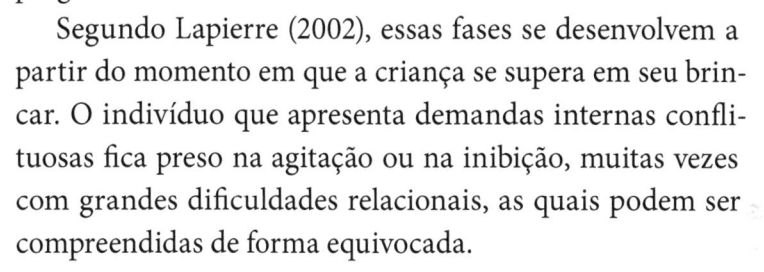

Segundo Lapierre (2002), essas fases se desenvolvem a partir do momento em que a criança se supera em seu brincar. O indivíduo que apresenta demandas internas conflituosas fica preso na agitação ou na inibição, muitas vezes com grandes dificuldades relacionais, as quais podem ser compreendidas de forma equivocada.

1.4
Abrangência do trabalho psicomotor relacional

A psicomotricidade relacional é uma metodologia que promove a "fala interior", possibilitando que cada indivíduo exponha, via corporal, suas demandas. Com base na fala corporal, é possível refletir sobre as próprias ações no brincar espontâneo, perceber os próprios limites e os limites do outro, reconhecer os próprios desejos, seus medos, suas fantasias e, principalmente, a relação estabelecida com o outro diante dos sentimentos que se apresentam. É, portanto, acessar o autoconhecimento e refletir sobre as relações, sobre o corpo e sobre todas as ações na relação consigo mesmo, com o outro e com os materiais partilhados nos momentos de brincar.

O trabalho psicomotor relacional institui, de maneira lúdica, a autorreflexão sobre as relações e amplia as capacidades relacionais dos indivíduos. Assim, é muito relevante nas áreas cujo bom desenvolvimento depende da influência das relações estabelecidas.

Como exemplo, podemos citar a escola. Para as atividades escolares se desenvolverem harmoniosamente, é importante que as relações entre os indivíduos sejam respeitosas, igualitárias, cúmplices, construtivas, entre outros aspectos que a favoreçam. Essas relações acontecem: entre alunos; entre aluno e professor; entre aluno e demais funcionários; entre professores; entre professores e demais funcionários; e entre funcionários.

As relações interpessoais no trabalho nem sempre acontecem em um campo assertivo e de fácil convivência. Portanto, um cuidado especial com essas relações costuma ser imprescindível para o bom desenvolvimento escolar. "Não se escreve sem se desenhar, não se lê sem se ver imagens e, para que tudo isto aconteça, é necessário que a emoção esteja implicada no processo" (Costa, 2008, p. 237).

O trabalho psicomotor relacional, quando inserido na escola, pode promover o desenvolvimento pessoal de alunos, professores e demais funcionários da escola. Para os alunos, as atividades podem ocorrer semanalmente e despertar para as situações do dia a dia, ampliando a capacidade de resolução dos problemas e ajustes relacionais. Para professores e/ou funcionários da escola, o trabalho psicomotor relacional pode ser agregado à formação continuada em encontros, promovidos durante o ano letivo, com o objetivo de autoconhecimento e ajuste relacional entre os participantes.

Ter um tempo e um espaço para refletir sobre as próprias ações imprime nas pessoas que convivem, trabalham ou estudam juntas o amadurecimento relacional, o reconhecimento de seus próprios limites e dos limites dos outros, a harmonia nas relações, a capacidade de resolução mais tolerante dos conflitos, entre outros aspectos que estão ligados às demandas do ser humano.

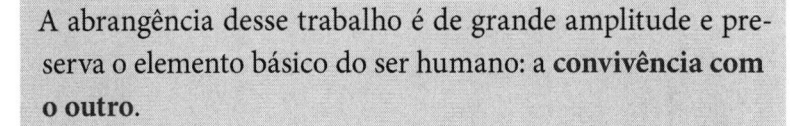

> A abrangência desse trabalho é de grande amplitude e preserva o elemento básico do ser humano: a **convivência com o outro**.

As áreas de trabalho nas quais se partilham relações têm seu desenvolvimento enriquecido quando ampliam o olhar para a "pessoa" que habita o funcionário. Assim, a promoção de trabalhos como o da psicomotricidade relacional é de extrema relevância para potencializar as equipes, diminuir o estresse, ampliar as capacidades profissionais, pois desperta o prazer, a afetividade, a cumplicidade, as reflexões pessoais, o reconhecimento de limites, o olhar para as capacidades do outro, a aceitação incondicional das demandas, entre outros aspectos.

Por ser uma prática que envolve o corpo e alguns objetos, não tem limite de idade, mas os objetivos se modificam de acordo com a faixa etária. Para **bebês**, os movimentos e a relação visual e tônica ampliam as capacidades sensoriais e de desenvolvimento motor. Esse trabalho, associado ao espaço escolar ou clínico, potencializa o desenvolvimento global do bebê.

O trabalho com **crianças e jovens** pode ocorrer na escola ou em clínicas. Na escola, fortalece os aspectos motores e as relações. Vale ressaltar a importância do desenvolvimento psicomotor para a alfabetização, base do conhecimento corporal e amadurecimento. Na clínica, tem valor terapêutico e objetivo de acatar demandas como antissociabilidade e atraso no desenvolvimento global ou psicomotor, ou seja, psicopatologias que envolvem as dificuldades nas relações sociais. Para **adultos**, o enfoque são as relações do/no trabalho, como mencionamos anteriormente.

Há também o trabalho com **pessoas idosas**, que tem como um de seus objetivos o alívio do estresse por meio do movimento corporal, possibilitando ajustes necessários para melhorar a qualidade de vida.

A abrangência da prática psicomotora relacional é muito grande: as escolas, as empresas, as clínicas, as organizações e outros espaços que desejam promover um momento de reflexão pessoal e relacional podem apropriar-se dos elementos relacionais por meio da fala corporal. Quando apresentada de forma espontânea, a intenção motora nas ações amplia a capacidade da expressão corporal e pode sugerir a **fala corporal inconsciente** – é esta fala que oportuniza as reflexões e o autoconhecimento de cada participante.

1.5
Conceito da psicomotricidade relacional

Quando tratamos do conceito de *psicomotricidade relacional*, referimo-nos ao valor das atitudes transferenciais que o indivíduo revela durante o brincar. Portanto, nessa prática, a relação que a criança estabelece com o outro, com o objeto e mesmo com o espaço é relevante para a decodificação de suas demandas latentes[4].

São relevantes as oportunidades que acontecem durante o brincar em grupo. As crianças envolvidas apresentam suas propostas e, a todo momento, revelam suas necessidades por meio das brincadeiras, das escolhas, dos pedidos. A interpretação e a decodificação por parte do adulto são fundamentais.

Uma criança que brinca de maneira muito agressiva com outras crianças, pode, por exemplo, ao confrontar-se com o adulto no brincar, colocar-se de forma regressiva, buscando o corpo do psicomotricista e colocando-se como um bebê. Trata-se de um caso clássico: a criança tem uma demanda afetiva e revolta-se contra o mundo para garantir seu lugar, para chamar a atenção de todos que estão à sua volta. Aqui, podemos identificar a afetividade como demanda latente, e a agressividade como demanda manifesta. Algumas crianças podem, ainda, entrar em uma luta contínua com o adulto até conseguirem acessar o corpo de forma que sua raiva se

• • • • •
4   A demanda latente é intrínseca ao indivíduo, são sentimentos internos.

esgote, acabando por aceitar a afetividade e render-se a uma contenção afetiva.

Para conceituar essa ferramenta e compreender o que a difere de outras atividades lúdicas, precisamos abordar o corpo. O **corpo** é onde tudo é sentido, registrado; é capaz de expressar pela espontaneidade a real fala interior. O movimento do corpo, a forma como se coloca, como se apresenta, o tônus empregado nas ações com outras pessoas ou com os objetos revela sua necessidade, sua história, sua personalidade. Movimentando-se e embrenhando-se nas ações simbólicas, pouco a pouco, o corpo vai trazendo a expressão, os sentimentos, as sensações e as percepções.

Quando a criança investe em uma brincadeira em que é a dona de vários cachorros e repete esse brincar por várias vezes, por exemplo, cuidando dos cachorros de maneira autoritária para que façam somente o que ela deseja, e sempre insiste em ter essa função – de dona dos cachorros –, é relevante observar a repetição do mesmo brincar e a necessidade de essa criança de ser reconhecida por seu poder. Uma criança que consegue transitar em diversos espaços, seja como líder ou com liderada, como cuidadora ou cuidada, é mais flexível para lidar com as adversidades da vida e de seu meio de convivência.

A psicomotricidade relacional estimula um espaço e um tempo de liberdade motora nos quais a criança pode experimentar o que deseja, desde que respeite os limites desse espaço e das outras pessoas que ali estão para brincar. Ali, são valorizadas a ação simbólica da criança, suas criações e as relações estabelecidas.

O psicomotricista relacional age de maneira interventiva, colocando-se disponível e assumindo uma postura de aceitação da criança. É um brincar inclusivo, em que o certo é o possível para qualquer um. Todos são aceitos à sua maneira e encontram no grupo uma sintonia que respeita cada um em sua individualidade.

Ao contrário de outras práticas, na psicomotricidade relacional, o psicomotricista não dirige as ações das crianças o tempo todo, mas valoriza suas ideias e seus desejos – essa é a base da proposta, o reconhecimento do **ser**, e não do **ter**. A cada momento, desde a retirada dos sapatos, passando pela roda inicial, pelo brincar, por guardar os materiais, por relaxar e pela roda final, valoriza-se a cumplicidade, a afetividade, a parceria, tanto por parte da criança quanto por parte do psicomotricista, respeitando as capacidades e as possibilidades de se relacionar de cada um.

A prática psicomotora relacional configura uma importante ferramenta de autorreflexão e de evolução humana por meio do brincar. Sobre o desenvolvimento do método, Lapierre (2002, p. 31) afirma: "a utilização do brinquedo como meio de acesso ao inconsciente vai constituir a base permanente de toda a minha pesquisa, prática e teoria".

No trabalho de formação continuada de professores, os conteúdos pessoais e a fala corporal referem-se a desejo, prazer, frustração, poder, domesticação, limite, afetividade e agressividade (Gusi, 2016). Cada conteúdo expressa os sentimentos vivenciados por um grupo de professores na pesquisa de Gusi (2016), sendo possível refletir, então, sobre situações que configuram suas relações com os alunos. A disponibilidade para vivenciar conteúdos e ponderar as relações estabelecidas no espaço de ensino é fundamental para o desenvolvimento da formação de professores com características dessa metodologia.

Para o professor e outros profissionais que desenvolvem seus trabalhos com base nas relações que estabelecem com outras pessoas, é essencial desenvolver o campo pessoal paralelamente às técnicas do exercício profissional.

Síntese

Neste capítulo, situamos a prática psicomotora relacional como importante metodologia de trabalho. A evolução epistemológica da psicomotricidade, com influência do olhar pessoal/relacional, contribuiu para a adjetivação com o termo *relacional* às práticas de movimentos corporais. Essa evolução foi fundamental para restringir as práticas mecânicas e agregar o olhar relacional e de valorização da condição humana que cada indivíduo apresenta. Além disso, o aprimoramento dos estudos de Wallon e da psicanálise como fundamento para a decodificação dos conteúdos subjetivos da criança expõe elementos de fortalecimento das intervenções que ocorrem durante o brincar.

Essa evolução trouxe grandes ganhos e aprofundamento do reconhecimento do outro com base na fala corporal, que, com ajuda da interpretação psicanalítica, juntou forças para abrir espaço às decodificações das atitudes corporais e simbólicas espontâneas.

Os estudos sobre a espontaneidade e o jogo simbólico por pesquisadores como Lapierre e Aucouturier deram vazão às pesquisas de João dos Santos, Diatkine e Lebovici, que seguiam pela ótica de Wallon e Ajuriaguerra. Muitos pesquisadores investiram na escuta do brincar espontâneo e simbólico da criança, e suas descobertas direcionaram para a relação que se estabelecia com ela.

Lapierre criou um método e chamou-o de *psicomotricidade relacional*. Suas características principais são os materiais utilizados e a rotina que se toma como formato a ser seguido. O psicomotricista é um parceiro simbólico para facilitar a imaginação da criança. Durante o brincar, há a valorização do desejo e o prazer das relações que se estabelecem.

A metodologia valoriza a pessoa em sua inteireza, com suas reais capacidades, acolhendo o medo, o desejo, as fantasias, ajustando-os de maneira harmônica e afetiva. Esse foi o propósito de organizar uma prática que permitisse um espaço de liberdade e respeito.

A experiência com crianças mostrou os benefícios do método e instalou a necessidade de formar profissionais capacitados a esse olhar. Nesse ímpeto, surgiu a formação de professores e especialistas, que, em razão de sua percepção a respeito dos ganhos pessoais e profissionais possibilitados pela formação, divulgaram a relevância da metodologia e inseriram-na em outros campos. Por ser uma prática de desenvolvimento pessoal, com capacidade de integrar profissionais que realizam seus trabalhos por meio da relação estabelecida com outras pessoas, ganhou abertura e desenvolveu-se para atender às demandas relacionais.

Indicações culturais

Site

ESCOLA da Ponte radicaliza a ideia de autonomia dos estudantes. *Centro de Referências em Educação Integral*, 7 mar. 2014. Disponível em: <http://educacaointegral.org.br/experiencias/escola-da-ponte-radicaliza-ideia-de-autonomia-dos-estudantes/>. Acesso em: 4 mar. 2019.

Este texto apresenta como a Escola da Ponte potencializa a autonomia dos estudantes, desenvolve o processo de aprender e se organiza. É interessante, pois apresenta uma inovadora forma de olhar para a educação e para o desejo de aprender a aprender.

PEREIRA, L. C. **Método Paulo Freire**. Disponível em: <https://www.infoescola.com/pedagogia/metodo-paulo-freire/>. Acesso em: 4 mar. 2019.

Texto objetivo e esclarecedor sobre a forma de pensar de Paulo Freire e sua articulação com a significação para aprender.

Vídeos

JOSÉ Pacheco: "Aula não ensina, prova não avalia". Disponível em: <https://www.youtube.com/watch?v=rcH8YXGDeB8>. Acesso em: 4 mar. 2019.

Este vídeo retrata reflexões sobre o processo de ensino e aprendizagem e apresenta elementos que os educadores e envolvidos com a educação devem repensar. Pacheco é o idealizador da Escola da Ponte, em Portugal.

REPORTAGEM TVI sobre a Escola da Ponte. Disponível em: <https://www.youtube.com/watch?v=-eqrfvGcshc>. Acesso em: 4 mar. 2019.
Entrevista sobre como se aprende e como se ensina na escola da Ponte, uma escola organizada de maneira diferente, com acessibilidade a diversos nichos socioeconômicos. Seu objetivo é fazer escola com autonomia.

Livros

LAPIERRE, A.; LAPIERRE, A. **O adulto diante da criança de 0 a 3 anos**: psicomotricidade relacional e formação da personalidade. Curitiba: Ed. da UFPR, 2010.
Essa obra retrata o atendimento às crianças de uma creche francesa, trabalho realizado por André Lapierre e sua filha Anne Lapierre. Na obra, descrevem as fases do brincar e momentos oportunos dos atendimentos.

LAPIERRE, A.; AUCOUTURIER, B. **Fantasmas corporais e prática psicomotora**. São Paulo: Manole, 1984.
Nesta obra os autores descrevem o trabalho com adultos. Trata-se de uma das poucas obras com esse objetivo, apresentando a relação inconsciente no momento de brincar e a prática psicomotora.

Atividades de autoavaliação

1. Os neurologistas deram origem ao termo *psicomotricidade*. Em seus estudos, relacionaram partes do córtex cerebral às áreas motoras. Dupré, bem mais tarde, dedicou-se à diferenciação entre as demandas motoras e as incapacidades cognitivas. Assinale a alternativa que apresenta corretamente suas descobertas:
   a) Sua pesquisa revelou que o atraso no desenvolvimento motor não necessariamente tem envolvimento com o retardo mental.
   b) Apresentavam indícios de que a debilidade motora e a debilidade mental são dependentes uma da outra.
   c) A incapacidade cognitiva sempre resguarda o bom desenvolvimento motor.
   d) Definiram a síndrome da debilidade motora como uma sincinesia apenas.
   e) Debilidade motora sempre tem origem nas demandas emocionais.

2. A base teórica da psicomotricidade relacional retrata um movimento europeu ligado às emoções e regido pelos estudos de Wallon, que aliava a aprendizagem às emoções. Para João dos Santos, que desenvolveu suas pesquisas com a supervisão de Wallon, que aspectos se apresentavam como fundamentais para um melhor aproveitamento escolar? Analise as afirmativas a seguir e marque V para as verdadeiras e F para as falsas.

( ) Os jogos e o diálogo corporal promovidos em paralelo à atividade escolar facilitam o desenvolvimento autônomo.
( ) É relevante priorizar o olhar referente à aceitação da criança, de seu corpo, seu espaço e seus desejos.
( ) Todas as experiências simbólicas apresentadas pelas crianças devem ser ponderadas.
( ) O diálogo corporal deve restringir-se à aprendizagem da escrita por parte das crianças menores.

Agora, assinale a alternativa que apresenta a sequência correta:

a) F, F, V, F.
b) V, V, V, F.
c) V, F, V, F.
d) F, F, V, V.
e) V, V, F, F.

3. Lapierre e Aucouturier desenvolveram grandes pesquisas e foram responsáveis pela superação da reeducação física, considerada atividade mecânica, e pela relevância do trabalho terapêutico. Assinale a afirmativa que diz respeito ao novo olhar da prática dirigida por eles:

a) As crianças deveriam experimentar vários métodos de relaxamento.
b) Muitas crianças desajustadas socialmente participavam das práticas apenas seguindo os circuitos motores por eles propostos.
c) Era necessário aceitar e encorajar as tentativas lúdicas das crianças em vez de reprimi-las.

d) É preciso separar as crianças desajustadas das socialmente bem ajustadas.
e) A inclusão ocorre separando as crianças que correspondem e as que não correspondem às atividades propostas.

4. A prática psicomotora relacional é um método capaz de auxiliar diversos profissionais no aprimoramento de suas capacidades e no desenvolvimento profissional por meio do trato pessoal. O trabalho de desenvolvimento pessoal vem ganhando espaço por atender às demandas necessárias para um bom relacionamento em escolas e empresas. Um dos campos de atuação do método é a formação de professores. Analise as afirmativas a seguir quanto aos objetivos do método para a formação de professores.

I) Promover o autoconhecimento para refletir sobre as próprias ações na escola.
II) Refletir sobre as ações das crianças, uma vez que vivencia sentimentos e sensações como elas.
III) Atender terapeuticamente às próprias demandas pessoais.
IV) Promover a melhora nas relações interpessoais na escola.

Agora, assinale a alternativa que apresenta apenas itens corretos:

a) I e II.
b) I e III.
c) I, II e IV.
d) I, II, III e IV.
e) II e III.

5. O método criado por Lapierre delimitou alguns materiais que seriam utilizados nas práticas com crianças. Os materiais dispunham de valor simbólico e eram elementos fundamentais para ampliar as possibilidades de relação entre crianças e adultos. Assinale a alternativa que apresenta todos os materiais básicos utilizados nas sessões de psicomotricidade relacional:
  a) Corda, bola, caixas de papelão, jornais e revistas.
  b) Bolas de gude, caixas de papelão, jornais, paraquedas e tijolos lúdicos.
  c) Tecidos, cordas, bolas, paraquedas e tijolos lúdicos.
  d) Bolas, cordas, bambolês, bastões, tecidos, caixas de papelão, jornais, paraquedas e tijolos lúdicos.
  e) Bolas, tecidos e caixas de papelão.

Atividades de aprendizagem

Questões para reflexão

1. Assista ao clipe da música "Another Brick in the Wall", da banda Pink Floyd.

PINK Floyd – Another Brick in the Wall. Disponível em: <https://www.youtube.com/watch?v=YR5ApYxkU-U>. Acesso em: 4 mar. 2019.

O clipe retrata o formato tradicional de ensino e a relevância do investimento nas relações. Após assistir ao clipe, pense e escreva sobre:

a) a escola tradicional e seus métodos pedagógicos.
b) a escola inovadora e as metodologias que focam a autonomia dos indivíduos e as relações grupais/solidárias.

2. A construção da base epistemológica da psicomotricidade conduz à reflexão sobre o olhar para o outro, seus desejos, suas particularidades, sua maneira de ser, ou seja, leva ao reconhecimento do outro em sua inteireza, nos diversos campos que o constroem. Traçando um paralelo com a atuação do psicopedagogo, reflita sobre a postura necessária ao momento avaliativo e interventivo. Elabore cinco elementos indispensáveis para o olhar do psicopedagogo em seus atendimentos.

3. O corpo sente, comunica, pulsa, vive. Reflita sobre a seguinte questão: Para o psicopedagogo, que trabalha com a aprendizagem, que elemento é fundamental para potencializar o aprender por parte da criança?

Atividades aplicadas: prática

1. Caso tenha a oportunidade, observe uma turma de crianças na escola, atentando aos momentos em que são direcionadas pelo professor e aos momentos em que devem realizar as atividades com espontaneidade. Depois, reflita sobre o comportamento nos dois casos e preencha o seguinte quadro:

Comportamento da criança	Professor direcionando a atividade	Atividade livre, sem direcionamento de adulto
Tipo de brincadeira que a criança busca		
Tipo de relação com outras crianças (observa, coopera, disputa, retrai-se, comanda, é submissa)		
Tipo de relação com adultos		
Interesse pelo que está fazendo		

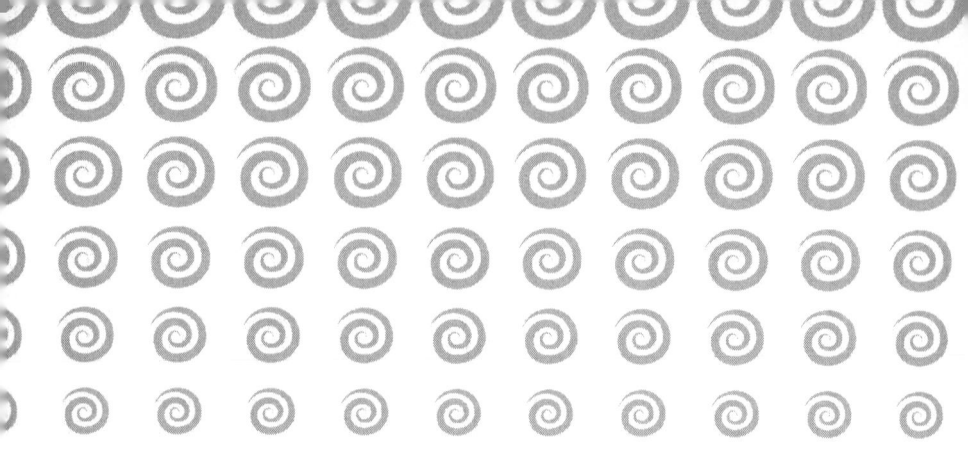

2
Psicomotricidade relacional e educação

Neste capítulo, trataremos da conexão entre a prática psicomotora relacional e a educação, que tem como base a escuta e a projeção da autonomia nas relações corporais, pessoais e cognitivas. Abordaremos elementos relevantes ao desenvolvimento global do indivíduo, apresentando possibilidades de percepções e atuações dos profissionais envolvidos. Nesse contexto convidamos você a refletir sobre a prática diária na escola e na clínica.

2.1
Interseção entre a psicomotricidade relacional e a educação

João dos Santos (2007) refere-se à aprendizagem como significação e amor. A educação vinculada aos aspectos relacionais estabelece uma linha de escuta e percepções acerca das demandas dos indivíduos envolvidos em todo processo educacional. O meio educacional se eleva quando está vinculado às percepções individuais de cada aluno.

A prática psicomotora relacional tem como base de sua estrutura a aceitação incondicional do indivíduo, levando em consideração suas capacidades. Isso quer dizer valorizar o que ele já sabe para, então, buscar a superação dos elementos mais dificultosos. André Lapierre (1923 - 2008), em sua prática, já se interessava pelo que as crianças sabiam e investia nisso, valorizando cada uma com suas possibilidades para, só depois, instigar novos desafios (Lapierre, 2002).

A segurança é motivadora e impulsiona a aprendizagem. A compreensão dos processos de aprender realizados pelas crianças fortalece os caminhos que levam à aprendizagem significativa. Esta, para ser efetiva, deve ancorar-se no prazer e, portanto, ter um significado real para o aprendente.

A criança que se sente bem consigo mesma, com as pessoas que a rodeiam e com o espaço que ocupa torna-se mais disponível a encarar desafios e ampliar horizontes no aprender. Quando se disponibilizam ambiente harmonioso e compreensão na escola, onde o envolvimento de cada educador[1] apresenta a mesma linguagem na fala e na escuta, as possibilidades de sucesso e maior alcance de superação tornam-se reais.

A prática psicomotora relacional na escola fortalece as capacidades de sintonia entre os aprendentes e os ensinantes; amplia o campo de compreensão; estimula o prazer e a autoestima; favorece elementos básicos de desenvolvimento global e social. É com a prática psicomotora que o corpo se liberta para aprender, criar e se desenvolver.

Segundo Mastrascusa e Franch (2016, p. 44-45),

> As finalidades da Psicomotricidade Relacional respondem à visão global que temos da pessoa, e são comuns a outros tipos de ação educativa. Porém, em nosso trabalho nos aproximamos dessas finalidades incidindo nas três grandes áreas de desenvolvimento: a construção da consciência corporal, o desenvolvimento das capacidades de orientação e organização do espaço e do tempo e o desenvolvimento das capacidades de relação e comunicação.

> Para nos aproximarmos dessas finalidades, devemos proporcionar às crianças contextos educativos que lhes ofereçam experiências relacionais, comunicativas, sensoriais, perceptivas e representativas ricas e variadas mediante as quais possam experimentar, explorar e conhecer suas possibilidades motoras e relacionais e as que lhes oferece o entorno, descobrindo e transformando o entorno físico e humano ao mesmo tempo que se descobrem e se transformam.

• • • • •
1 Aqui, todas as pessoas envolvidas na escola que têm contato com os alunos.

Portanto, todas as capacidades do indivíduo são consideradas, assim como as escolas inovadoras, que se preocupam com o significado do aprender, com sua função social, emocional e de desenvolvimento pessoal. A interseção entre a educação e a psicomotricidade relacional está, justamente, na capacidade de escuta em favorecimento dos caminhos necessários para o aprimoramento de cada indivíduo como único e pertencente a um todo.

2.2 Olhar psicomotor para a aprendizagem

A aprendizagem está em todos os momentos em que realizamos uma ação, desenvolvemos capacidades ou fazemos algo diferente de ações anteriores, ou seja, a todo instante estamos apreendendo algo. Para a psicomotricidade relacional, todas as ações são ponderadas e valorizadas. Durante as sessões, as ações do brincar são os elementos de aprendizagem, pois fortalecem as capacidades psicomotoras, relacionais, pessoais, sociais e intelectuais.

Ao estabelecer uma postura de escuta das possibilidades da criança, seja pela expressão do movimento corporal, seja pela construção simbólica ou pelas demandas expressas durante o brincar, é possível compreender sua individualidade e sua maneira de aprender, de relacionar-se e de resolver adversidades.

Assim, o espaço psicomotor é essencial para a aprendizagem, pois potencializa: por parte de quem ensina, o melhor conhecimento sobre os caminhos que levam o indivíduo a aprender mais e melhor; e, por parte de quem aprende, um espaço de escuta, a ampliação de suas capacidades, o reconhecimento de si em sua individualidade, a liberdade de criar e recriar situações de aprender, valorizando a autoestima e o autoconhecimento para lidar com situações do dia a dia. É com esse intuito que a prática eleva a capacidade de aprender.

2.2.1
Bases biológicas, fisiológicas, neurológicas e psicológicas que influenciam a motricidade humana

"A criança é o seu corpo" (Fonseca, 2008, p. 104), segundo a via de estudos que comporta a estrutura da criança nas obras de Julian Ajuriaguerra (1911 - 1993), médico e autor de pesquisas e publicações de extrema relevância para a psicomotricidade, a neurofisiologia e a neuropatologia.

A *imagem do corpo*, "expressão original de Schilder" (Fonseca, 2008, p. 426), considera a noção neurofisiológica entendida como a imagem mental do corpo. A imagem do corpo é a expressão da história psicomotora, envolvendo as áreas motora, afetiva e cognitiva, cujo desenvolvimento de estruturação e reestruturação ocorre por meio da inter-relação entre as áreas libidinais, fisiológicas e sociológicas. Para Ajuriaguerra, é a tomada de consciência do corpo a partir do vivenciado (Fonseca, 2008).

A tomada de consciência do corpo acontece por intermédio dos elementos cinestésicos, visuais, vestibulares, táteis, libidinais e sociais, componentes chamados por Ajuriaguerra de *somatognosia*. Resumidamente, esses elementos constituem a totalidade psicomotora da criança (Fonseca, 2008). Dolto (2015, p. 14) define a distinção entre **imagem do corpo** e **esquema corporal** com muita clareza:

> Se o esquema corporal é, em princípio, o mesmo para todos os indivíduos (aproximadamente da mesma idade, sob um mesmo clima) da espécie humana, a imagem do corpo, em contrapartida, é peculiar a cada um: está ligada ao sujeito e à sua história. Ela é específica de uma libido em situação, de um tipo de relação libidinal. Daí resulta que o esquema corporal é, em parte, inconsciente, mas também pré-consciente e consciente, enquanto que a imagem do corpo é eminentemente inconsciente, ela pode se tornar em parte preconsciente, e somente quando se associa à linguagem consciente, que utiliza de metáforas e metonímias referidas à imagem do corpo, tanto nas mímicas "linguageiras" quanto na linguagem verbal.

Para Dolto (2015, p. 14), a imagem do corpo "é a síntese viva de nossas experiências emocionais". Essa diferenciação explica a relevância do esquema corporal, espacial, temporal e de seu desenvolvimento para as crianças, pois a imagem do corpo acontece com a concretização e a evolução desse esquema, podendo ser de amplitude bem-sucedida ou deficitária, caso em que acarreta mal enquadramento no campo escolar.

A escola pode potencializar essa estruturação; entretanto, é necessário ter clareza sobre os aspectos psicomotores e emocionais da formação da personalidade e da capacidade de decodificar as ações das crianças para, então, atuar de forma segura e certeira diante das necessidades latentes. A prática psicomotora relacional fornece elementos que indicam os caminhos para a decodificação das ações manifestas durante as sessões.

2.2.2
Condutas psicomotoras: motoras de base, perceptivo-motoras e neuromotoras

As condutas psicomotoras podem ser divididas em três grandes áreas responsáveis pelo enquadramento do desenvolvimento psicomotor global.

A primeira área é a de **condutas motoras de base**, com três elementos que a sustentam, a seguir explicitados.

- Equilíbrio – Segundo Fonseca (2008, p. 569), é o "controle da estabilidade postural, assegurado pelo sistema vestibular, que integra as informações proprioceptivas, visuais, cinestésicas e tônicas recebidas pelo cerebelo". É responsável pela coordenação motora que sustenta o controle postural.
- Coordenação dinâmica geral – É a integração entre o corpo e a motricidade, ampliando gradualmente a precisão e a harmonização da postura, assim como a locomoção, o que envolve a musculatura.

- Coordenação visomotora – É a capacidade de coordenar a visão e seu objetivo, com controle da musculatura extraocular, acuidade e percepção visual (Fonseca, 2008).

A segunda área é a de **condutas perceptivo-motoras**, cujos elementos são descritos a seguir.

- Organização espacial – Capacidade de situar seu corpo no espaço, situar os objetos com relação a si próprio e situar os objetos entre si.
- Organização temporal – Capacidade de organizar o tempo em uma sequência lógica de ritmo e de acontecimentos.

A terceira área é a de **condutas neuromotoras**, dependentes das capacidades neurológicas do indivíduo (Meur; Staes, 1991).

- Paratonias – Perturbação do tônus muscular observada em indivíduos portadores de debilidade motora, impossibilitando o relaxamento muscular voluntário (Fonseca, 2008). Exemplo: criança que, ao correr, enrijece os braços e mãos.
- Sincinesias – Execução de movimentos involuntários, inúteis e inconscientes durante ações motoras. Em crianças, esses movimentos tendem a desaparecer, mas sua persistência e intensidade podem sinalizar quadro patológico (Fonseca, 2008). Exemplo: enquanto pinta um desenho, movimenta a língua para fora da boca.

> • Lateralidade – Definição neurológica para a opção do lado do corpo de maior precisão, força e destreza. É identificada pela opção dos olhos, mãos e pés. Sua identificação ocorre pela preferência estabelecida na utilização de cada um deles (Fonseca, 2008). Exemplo: facilidade que a criança desenvolve para escrever com a mão direita ou esquerda, sem a intervenção de outrem.

2.3 Elementos básicos psicomotores e a aprendizagem

A aprendizagem da leitura e da escrita está ancorada na evolução dos elementos básicos psicomotores. Cada elemento psicomotor colabora para a estrutura de formação do indivíduo no que diz respeito a seu reconhecimento corporal, espacial, temporal e simétrico. Desde o nascimento, o desenvolvimento evolui da superação dos reflexos à aprendizagem e à conscientização dos movimentos motores, que estão atrelados à ordem biopsicossocial.

Os quatro elementos psicomotores básicos, conforme Meur e Staes (1991), são: esquema corporal, lateralidade, estruturação espacial e organização temporal. O esquema corporal é o mais importante deles e oferece a capacidade de desenvolver os demais. Vamos compreender um pouco mais sobre cada elemento?

2.3.1
Esquema corporal

O esquema corporal é a representação do próprio corpo de maneira consciente, imprescindível para o desenvolvimento pessoal do indivíduo no que tange à psique. Sua formação é finalizada aos 12 anos. A personalidade desenvolve-se graças à consciência de si, de seu corpo, de seu ser, de suas possibilidades de agir e de se transformar (Meur; Staes, 1991).

Dois exemplos compõem o esquema corporal, segundo Meur e Staes (1991), são:

1. domínio corporal: a criança consegue correr sem se chocar com móveis ou outras crianças; e
2. conhecimento corporal: a criança conhece as partes de seu corpo, sendo capaz de nomear e sinalizar e, ao passar por um espaço, consegue escolher o trajeto que melhor se adapta ao tamanho de seu corpo.

Quando a criança cria uma estrutura para seu próprio corpo, de forma consciente e inconsciente, desperta para compreender-se melhor no espaço e no tempo, com os objetos e com as pessoas à sua volta, tornando-se mais tranquila e equilibrada e, de maneira geral, mais segura e disponível.

Para que a criança compreenda o espaço que a rodeia, é fundamental o desenvolvimento da estruturação espaço-temporal. De acordo com Meur e Staes (1991, p. 10), é essencial considerar os seguintes aspectos: "o conhecimento de seu corpo, a unidade de suas diferentes partes e a possibilidade de agir", bem como "a facilidade ou a dificuldade do ser em reconhecer-se, aceitar-se, responsabilizar-se por si".

Vejamos as **etapas** do desenvolvimento do esquema corporal, segundo Meur e Staes (1991):

- **Corpo vivido** – Capacidade da criança de dominar e perceber seu próprio corpo. Exemplo de atividades: solicitar que a criança corra, ande, pule, pare, ande de quatro etc.
- **Conhecimento das partes do corpo** – Tomada de consciência das partes do corpo, sentindo cada parte (forma interna) ou vendo-se no espelho, em outra criança ou em uma figura (forma externa). Exemplo de atividades: estimular a criança a nomear cada parte do corpo, localizar no desenho, identificar em outra criança, brincar com movimentos diante do espelho.
- **Orientação espaço-temporal** – Posições em que a criança é capaz de permanecer. Exemplo de atividade: brincar de estátua, ampliada com direcionamento de posições, como ficar estátua com um pé só.
- **Organização espaço-corporal** – Quando a criança já conhece as partes de seu corpo e se movimenta de forma analítica – em exercícios de coordenação e equilíbrio – e de forma sintética – adaptando o movimento ao objetivo a ser alcançado, podendo agregar um sentimento à ação. Exemplos de atividades: correr para agarrar um objeto que representa a mãe; andar em um percurso com a perna amarrada a um colega, devendo, além de chegar rapidamente ao objetivo, lidar com as limitações do outro.

2.3.2
Lateralidade

É a noção de dominância lateral. À medida que vai crescendo, a criança vai definido de maneira neurológica sua dominância lateral, ou seja, qual lado – direito ou esquerdo – é mais ágil e mais forte. A lateralidade pode também ser influenciada por certos hábitos sociais, mediante estímulo de um dos lados do corpo (Meur; Staes, 1991).

Como descobrir a dominância lateral? A dominância nas pernas, nas mãos e nos braços apresenta-se pela agilidade e pela força. Já a dos olhos, mostra-se pela facilidade de focar o olhar.

A lateralidade pode se manifestar de diferentes maneiras:

- **Homogênea** – Quando a criança tem facilidade nas mãos, nas pernas e nos olhos de um mesmo lado do corpo.
- **Cruzada** – Quando a facilidade não se concentra no mesmo lado do corpo. Exemplo: a criança tem força no pé esquerdo e na mão direita.
- **Ambidestra** – Quando a criança apresenta a mesma destreza em ambos os lados do corpo.

Para Meur e Staes (1991, p. 12),

A lateralidade é importante na evolução da criança, pois:

- influi na ideia que a criança tem de si mesma, na formação de seu esquema corporal, na percepção da simetria de seu corpo;
- contribui para determinar a estruturação espacial: percepção do eixo de seu corpo, a criança percebe também seu meio ambiente em relação a esse eixo.

Assim, a lateralidade merece atenção dos profissionais envolvidos com a alfabetização das crianças, pois influencia aspectos estruturais do desenvolvimento. É importante reconhecê-la e respeitar suas etapas maturacionais.

2.3.3
Estruturação espacial

Trata-se, sobretudo, da diferenciação do eu corporal em relação ao mundo exterior. Essa diferenciação ocorre por meio do movimento, tornando-se conhecimento interior do espaço exterior pelo que nele é possível executar no campo dinâmico.

A orientação espacial se efetua, em uma primeira fase, de forma inconsciente e gradativa, conforme a criança vai dominando seus movimentos até reconhecer um sentido do espaço, sentido este plenamente consciente e que se integra ao indivíduo como um elemento a mais no jogo dos movimentos.

Nas palavras de Meur e Staes (1991, p. 13), a estruturação espacial é:

- tomada de consciência da situação de seu próprio corpo em um meio ambiente, isto é, do lugar e da orientação que pode ter em relação as pessoas e as coisas;
- tomada de consciência da situação das coisas entre si;
- a possibilidade, para o sujeito, de organizar-se perante o mundo que o cerca, de organizar as coisas entre si, de colocá-los em um lugar, de movimentá-las.

Para a criança, a estruturação espacial acontece a todo momento, e é fundamental que todos à sua volta a estimulem. Os estímulos devem ser direcionados ao conhecimento das noções, solicitando que a criança realize ações por meio das quais perceba a localização do espaço; também à orientação espacial, direcionando seus deslocamentos com indicações como ir para a frente/para trás, ficar em fila, organizar objetos, fazer a discriminação visual da direção de desenhos etc. Além disso, os estímulos à organização espacial podem ser realizados por meio de trajetos, labirintos, atividades de simetria; e o incentivo à compreensão das relações espaciais, por meio de atividades espaciais de precisão, como os exercícios de progressão de grandezas de diferentes círculos, pinos e construções.

2.3.4
Orientação temporal

A base educacional está na correlação existente entre a percepção auditiva e a percepção proprioceptiva, isto é, entre o ritmo sonoro e o gesto. No entanto, não são só essas duas percepções que atuam nesse processo, mas também outras, como a visão e o tato.

É preciso trabalhar com dois aspectos para a aquisição da noção do tempo: o **qualitativo**, ou seja, a percepção de uma ordem, de uma organização; e o **quantitativo**, ou seja, a percepção de intervalos temporais, duração. Essa etapa consolida-se por volta dos 8 anos; antes disso, a percepção de tempo é muito egocêntrica.

Segundo Meur e Staes (1991), o indivíduo estrutura sua capacidade temporal quando se organiza na ordem dos acontecimentos (antes, durante, após); na duração de tempo (longo, curto); no ritmo (acelerado, freado); nos movimentos (rápido, lento); nos períodos (dia, mês, ano, semana, estações do ano); na noção de envelhecimento (plantas, pessoas). Essas noções temporais são subjetivas, e a criança, aos poucos, vai compreendendo essa ordem e apropriando-se dela.

Destacamos aqui a relevância do **estímulo escolar** sobre a ordem das ações e as atividades realizadas com as crianças. São exemplos de atividades: contar uma história para as crianças e depois solicitar que enumerem os fatos ocorridos; estabelecer a rotina do dia; propor brincadeiras de repetição de uma ordem (como as atividades em roda, em que o primeiro diz "fui ao mercado e comprei bolo" e o segundo repete "fui ao mercado e comprei bolo e leite", e assim por diante, com as crianças repetindo o que já foi dito e acrescentando produtos); ao final do dia, relembrar com as crianças todas as atividades realizadas; propor brincadeiras musicais, que ampliam a capacidade do ritmo e desenvolvem fortemente as noções temporais.

Para a atividade de escrita, é fundamental que a criança tenha domínio do gesto, da estrutura espacial e da orientação temporal. Esses elementos, vinculados ao esquema corporal, proporcionam a base da aprendizagem de leitura e escrita. A criança que tem esses elementos bem-estruturados apresenta melhor desempenho em suas coordenações e sustenta sua aprendizagem com mais motivação e compreensão.

2.4
Psicomotricidade relacional no espaço da escola

Nesta seção, trataremos da prática psicomotora relacional no atendimento às crianças durante o período em que estão na escola, seja como disciplina incluída na grade curricular, seja como atividade extracurricular no contraturno. Ambos os formatos apresentam desafios, objetivos e resultados muito próximos e, portanto, são tratados de maneira conjunta.

A prática psicomotora relacional oportuniza que a criança vivencie todos os elementos básicos psicomotores de maneira espontânea e simbólica. Assim, colabora com eficácia para todo o processo de desenvolvimento da criança e oferece subsídios que fortalecem as atividades realizadas em sala de aula.

Primeiramente, destacamos que a prática psicomotora relacional se difere muito das outras atividades escolares[2], mas seus resultados e suas consequências são compartilhados e discutidos com todo o grupo escolar. Por esse motivo,

• • • • •
2 É importante deixar clara a diferenciação à qual nos referimos. Durante o tempo em que a criança está na escola, ela é levada a desenvolver as atividades propostas por seus professores, organizadas de maneira específica para cumprir os objetivos do momento. Na prática psicomotora relacional, quem propõe é a criança, ela cria seu projeto de brincar e precisa resolver as adversidades que ocorrem no jogo simbólico em que se envolve; o adulto é um mediador capaz de decodificar e intervir nas situações para que colaborem para a construção pessoal da criança. Várias práticas pedagógicas caminham em uma direção muito próxima desse modelo, embora algumas características sejam muito próprias do método.

as visitas escolares de profissionais, como psicopedagogos, a alunos em tratamento terapêutico devem ser compartilhadas com o profissional da psicomotricidade relacional, que dispõe de informações sobre conteúdos vivenciados nas sessões de atendimento semanal.

O profissional da psicomotricidade relacional registra as ações dos alunos em meio aos colegas de classe, reconhece suas atitudes diante das adversidades simbólicas que enfrenta ou que propõe como jogo durante o brincar. São informações relevantes por se tratar de frutos de movimentos espontâneos durante as ações. As intervenções se limitam-se ao atendimento das demandas latentes e têm o caráter de colaborar para as construções motora, simbólica, relacional, emocional e cognitiva.

O espaço escolar é, também, lugar de orientação aos pais. É propício que, em alguns casos, na orientação escolar, o psicomotricista relacional seja chamado para expor suas observações a respeito das demandas identificadas na criança, colaborando para as orientações que serão passadas aos pais.

Outros momentos em que a presença do psicomotricista é importante são as reuniões com professores, pois potencializa novos caminhos para melhor compreensão e ajuda às crianças. Sua presença também é relevante nos conselhos de classe, pois colabora para a ampliação do olhar sobre as potencialidades do processo de aprendizagem das crianças analisadas.

Para que o profissional psicomotricista disponha desse olhar e se aproprie de cada característica das crianças que atende semanalmente, é fundamental que seja fiel às orientações metodológicas da prática psicomotora relacional desenvolvida como método por Lapierre.

2.4.1
A rotina do método

Os atendimentos semanais são em grupos e duram entre 50 minutos e 1 hora. Seguem uma rotina que favorece, para os participantes, uma estrutura com começo, meio e fim. Entretanto, para alguns grupos de crianças muito pequenas, a rotina vai sendo aderida aos poucos, mas é importante a aproximação da rotina o mais breve possível. Se surgir a dificuldade de aceitação da rotina, é possível que esteja ligada, entre outros, a problemas relacionados a limites e obstáculos de aprendizagem.

Logo que as crianças chegam ao *setting*[3], são convidadas a **tirar os sapatos** e organizá-los em um espaço destinado para tal. A retirada dos sapatos simboliza a disponibilidade para adentrar o *setting*, a entrega ao outro e ao espaço. Algumas crianças se recusam nas primeiras sessões, mas, aos poucos, vão adquirindo confiança e logo participam desse ritual como as outras.

Lapierre e Lapierre (2010, p. 104) destacam esse momento:

> De fato, há todo um simbolismo confuso, por certo cultural, ligado ao pé e ao sapato, o qual as crianças já integraram nessa idade. Descalçar-se para entrar num lugar é de certo modo fazer desse lugar a "própria casa", aceitar uma certa intimidade, uma certa confiança, privar-se da segurança de poder sair, já que para sair é preciso estar calçado. Mostrar seus pés, enquanto o resto do corpo está coberto, é revelar uma certa nudez, aceitar a vulnerabilidade de um órgão

• • • • •
3   Espaço destinado à realização da atividade.

habitualmente muito reforçado em seu poder de apoio, mas também de agressão, de defesa.

Após a retirada dos sapatos, todos se dirigem para a **roda inicial**, a qual é realizada sobre o tapete (alguns utilizam colchonete ou o paraquedas lúdico para ampliar o espaço, dependendo do tamanho do grupo). Todos se sentam muito próximos em um círculo e devem se organizar corporalmente de maneira a sentirem-se acolhidos e pertencentes ao grupo. É comum, em alguns grupos iniciais, crianças sentarem atrás de outras por não se sentirem pertencentes ou permanecerem inibidas diante do grupo.

O momento de roda inicial é um espaço de projeção do que será vivido e de sinalização das regras. Cada um tem a oportunidade de expor verbalmente suas inquietações e de debater sobre o que projeta para o brincar que se inicia.

Em seguida, a entrega do material que será utilizado é realizada ou autorizada pelo psicomotricista. Então, é dado início ao **brincar**. Cada criança é livre para estabelecer construções, explorar os movimentos corporais, as parcerias ou o brincar individual. Durante a sessão, o tempo de brincar constitui um espaço de liberdade no qual é possível para cada criança fazer suas escolhas, compor seu projeto e estruturar suas fantasias pelo jogo simbólico.

Passado o tempo de brincar, o psicomotricista conduz o grupo a encontrar um espaço de **relaxamento**, de descanso, de repouso ou, pelo menos, de redução da agitação motora tônica. Nesse momento, o tapete, referência para o psicomotricista, torna-se um espaço de contenção e acolhimento às crianças que desejarem permanecer em sua proximidade.

Ao fim desse tempo, todos **recolhem os materiais** e os organizam, deixando o *setting* como estava no início da sessão. Só então dirigem-se para a **roda final**, momento de verbalizar e discutir sobre o que foi vivenciado e sobre conquistas, percepções, atitudes e considerações reflexivas a que chegaram. Ao final, há possibilidade de elaboração de um registro, com desenhos ou com outra expressão plástica, mas essa etapa não compõe a rotina; isso depende do grupo e de suas demandas. Ao fim, todas as crianças buscam seus sapatos para retornar às atividades da escola.

Essa rotina é repetida semanalmente e contempla as possibilidades de atingir os objetivos propostos para a prática psicomotora realizada com crianças no espaço escolar. Os objetivos são: ampliar a autoestima e potencializar a capacidade criativa, relacional, social, motora, de flexibilidade, estratégica, lógica e tônica. Nas atividades escolares, a criança se percebe inclusa e mais disponível ao outro, é incentivada a acolher as dificuldades e investir em suas soluções e superações.

2.5
Psicomotricidade relacional: limites e possibilidades no limiar do século XXI

O grande desafio da psicomotricidade relacional é chegar ao conhecimento de profissionais que, de alguma forma, possam se apropriar da prática ou se beneficiar dela. Ainda é tímida sua divulgação, o que torna o acesso restrito a poucas crianças.

A pesquisa realizada por Martins (2015) apresenta um panorama geral da psicomotricidade na Europa; no Brasil, os estudos de Carneiro e Llauradó (2016) traçam um panorama sobre a prática psicomotora e as formações na área, com o intuito de ampliar a divulgação e proporcionar a formação de profissionais atuantes na área.

Assim como no Brasil, os objetivos dos psicomotricistas no mundo, segundo Martins (2015 p. 7), são:

- A colocação em prática nos seus respectivos países de uma formação profissional específica de Psicomotricidade, preferencialmente no âmbito do Ensino superior;
- O reconhecimento e proteção do exercício profissional;
- A realização de investigação de excelência, validando os seus fundamentos conceptuais e a qualidade das suas práticas profissionais.

Na Europa, existem formações com nível de graduação e mestrado. Martins (2015 p. 8) elucida:

Na Europa existem atualmente sete países com licenciatura (*bachelor*), em Portugal, França, Alemanha, Suíça, Bélgica, Dinamarca e Holanda com duração variável entre 6 a 8 semestres. Atualmente existem também formações de 2° ciclo em Psicomotricidade ao nível de mestrado em Portugal, Alemanha, Espanha, França, Itália, Holanda e Áustria. Nestes países europeus os psicomotricistas intervêm em diversas áreas, no âmbito da prevenção, saúde, (re)educação, reabilitação, e investigação, trabalhando ao longo de todo o percurso de vida e com todos os grupos da população.

No Brasil, a pesquisa de Carneiro e Llauradó (2016, p. 446) aponta:

A pesquisa realizada nos *sites* das instituições revela 75 cursos de Especialização em Psicomotricidade no Brasil, presentes em 16 unidades Federativas: Amazonas (1), Bahia (4), Ceará (4), Distrito Federal (1), Espírito Santo (4), Maranhão (1), Minas Gerais (4), Pará (4), Paraná (14), Pernambuco (1), Piauí (2), Rio de Janeiro (9), Rio Grande do Norte (1), Rio Grande do Sul (6), Santa Catarina (1) e São Paulo (21).

Todos os cursos ocorrem em nível de pós-graduação e dividem-se em diversas abordagens, como funcional ou geral, relacional, aquática, Ramain-Thiers, sistêmica, transpsicomotricidade e heurística.

A prática psicomotora relacional tem cunho holístico e é possível encontrar grande conexão com o paradigma da complexidade. São momentos e movimentos que proporcionam elementos de autoconhecimento e reflexões sobre as ações pedagógicas, humanas, sensibilidade e humildade. Morin (2004) sinaliza a complexidade da construção do sujeito por meio da valorização de sua individualidade em todos os aspectos do ser.

Síntese

A psicomotricidade é elemento básico da aprendizagem de leitura e escrita. Compreender a interseção entre a psicomotricidade relacional e o desenvolvimento educacional é relevante para ampliar e aprimorar as possibilidades oferecidas aos alunos.

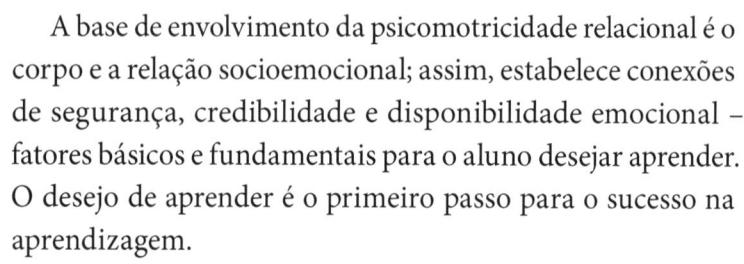

A base de envolvimento da psicomotricidade relacional é o corpo e a relação socioemocional; assim, estabelece conexões de segurança, credibilidade e disponibilidade emocional – fatores básicos e fundamentais para o aluno desejar aprender. O desejo de aprender é o primeiro passo para o sucesso na aprendizagem.

O aluno que encontra clareza e espaço seguro no meio emocional fica mais disponível a receber os estímulos para o desenvolvimento dos elementos psicomotores básicos (esquema corporal, lateralidade, estruturação espacial e orientação temporal), os quais facilitaram todo o processo de desenvolvimento das condutas psicomotoras (de base, neuromotoras e perceptivo-motoras).

Assim, a prática psicomotora relacional é um método capaz de condensar o meio emocional e corporal, promovendo desenvolvimento pessoal e qualidade no atendimento aos alunos, além de grande amplitude para alcançar as mais variadas demandas que se apresentem.

Apesar das potencialidades da prática, ela é ainda pouco difundida no Brasil, onde se apresentam expectativas muito parecidas com as europeias, embora, em alguns países da Europa, os centros de Ensino Superior estejam bem adiantados em pesquisas e capacidade de oferta de formações.

A evolução epistemológica da educação e da psicomotricidade caminha a passos lentos, mas seguros de um olhar mais atento às necessidades individuais e com clareza das intercessões que cada um é capaz de fazer. A aceitação desse indivíduo completo, que funciona em rede, que aprende por meio do desenvolvimento de habilidades, reforça a compreesão de cada indivíduo como um ser complexo. O paradigma da complexidade caminha na mesma direção que a psicomotricidade relacional na escola e pode promover um espaço de aprimoramento e segurança na colaboração para o desenvolvimento educacional.

Indicações culturais

DIVERTIDA mente. Direção: Pete Docter. EUA, 2015. 102 min.
Trata-se de um filme para refletir sobre as relações internas. Assista ao filme e reflita sobre os sentimentos exprimidos pela criança e as consequências em suas ações. Reflita sobre as relações estabelecidas durante o brincar. A criança, quando brinca, expõe sua fala inconsciente. O brincar é, portanto, carregado de emoções, expressas pelas ações. Nas sessões de psicomotricidade relacional, as crianças, em suas tentativas lúdicas, podem se apresentar de maneira mais agressiva, para expressar raiva, por exemplo, com relação ao que está acontecendo ou à lembrança de algo que a deixa com esse sentimento.

Atividades de autoavaliação

1. Aceitar a criança ponderando suas capacidades e suas possibilidades naquele momento ressalta a valorização da potencialidade para, então, investir nas dificuldades. Com isso em mente, assinale a alternativa que corresponde à

perspectiva pedagógica que compactua com esse olhar para o desenvolvimento e a aprendizagem:
a) Escola tradicional – reprodução de conteúdos.
b) Escola tecnicista – ensino voltado à indústria.
c) Escolas inovadoras – busca pela autonomia e pela reflexão dos alunos.
d) Escola humanista – práticas de ensino centradas no professor e valorização das relações pessoais.
e) Escola conteudista – preocupação em repassar maior quantidade de conteúdo.

2. A imagem corporal retrata as marcas deixadas pelas vivências da vida – experiências motoras, afetivas ou de aprendizagem. Ademais, sua construção e sua estruturação ocorrem a partir da junção entre as áreas libidinais, fisiológicas e sociais. Analise as afirmativas a seguir e marque V para as verdadeiras e F para as falsas.

( ) Não há diferença entre imagem do corpo e esquema corporal, ambos constituem um mesmo objetivo e função para o indivíduo.
( ) Para o desenvolvimento da imagem do corpo, é fundamental a apropriação dos quatro grupos de condutas psicomotoras.
( ) A consciência do corpo é tomada a partir do que é vivenciado pelo indivíduo.
( ) As condutas psicomotoras são somente de base neuromotora.

Agora, assinale a alternativa que apresenta a sequência correta:

a) F, F, V, F.
b) V, V, V, F.
c) V, F, V, F.
d) F, F, V, V.
e) V, V, F, F.

3. Os elementos básicos psicomotores são responsáveis pela estruturação do indivíduo em seu eixo corporal, envolvendo o conhecimento das partes do corpo, a espacialidade, a temporalidade e a simetria. Esse conhecimento é capaz de proporcionar a base necessária, por exemplo, para a alfabetização. Assinale a afirmativa que aponta os elementos básicos psicomotores:
   a) Esquema corporal, lateralidade, estruturação espacial e organização temporal.
   b) Coordenação motora fina, coordenação motora global, equilíbrio e lateralidade.
   c) Ritmo, dominância lateral e coordenações.
   d) Coordenação visomotora, imagem corporal e coordenação motora global.
   e) Oculomanual, simetria e lateralidade.

4. A prática psicomotora relacional oportuniza, para a criança, a vivência de todos os elementos básicos psicomotores de maneira espontânea e simbólica. Assim, colabora com eficácia para todo o processo de desenvolvimento da criança e oferece subsídios que fortalecem as atividades realizadas em sala de aula. Quanto à atuação do método na escola, analise as afirmativas a seguir.

I) O profissional da psicomotricidade relacional registra as ações dos alunos em meio aos colegas de classe, reconhece suas atitudes diante das adversidades simbólicas que enfrenta ou que propõe como jogo durante o brincar.

II) Indica-se que o psicomotricista relacional participe de reuniões pedagógicas e de reuniões de pais na escola.

III) A rotina estabelecida pelo método da psicomotricidade relacional deve ser seguida, mesmo que, inicialmente, tenha de ser adaptada de acordo com as necessidades das crianças.

IV) O profissional deve estar preparado para os atendimentos quinzenais e repassar suas observações para a equipe escolar.

Agora, assinale a alternativa que apresenta apenas itens corretos:

a) I e II.
b) I e IV.
c) I, II e III.
d) I, II, III e IV.
e) II e III.

5. O método criado por Lapierre delimitou uma rotina a ser seguida, a qual proporciona uma condição de segurança, com início, meio e fim da sessão. A segurança é fundamental para que a criança se situe e se aproprie de uma estrutura da qual possa desfrutar e com ela se desenvolver.

Assinale a alternativa que apresenta, em ordem, a rotina das sessões.
a) Retirada dos sapatos, roda inicial, brincar, relaxar, roda final.
b) Retirada dos sapatos, roda inicial, brincar, relaxar, guardar os materiais, roda final.
c) Retirada dos sapatos, roda inicial, brincar, relaxar, roda final, guardar os materiais.
d) Retirada dos sapatos, roda inicial, brincar, relaxar, roda final, registro.
e) Retirada dos sapatos, brincar, relaxar, roda final.

Atividades de aprendizagem

Questões para reflexão

1. A raiz metodológica escolar, suas escolhas teóricas e, consequentemente, o fazer prático dependem muito de cada escola/comunidade. Entretanto, cada vez mais os educadores, de modo geral, tendem a dispor de um olhar atento às relações e a como cada indivíduo se respalda em suas ações. A psicomotricidade permite um tempo e um espaço de atenção às relações, de possibilidade de inclusão e de respeito à individualidade. Se possível, faça um levantamento em, pelo menos, cinco escolas para saber, de fato, quais investem em ações contínuas de trabalhos voltados às relações. Reflita sobre como lidam com as diferenças relacionais e de posturas dos alunos e dos professores. Depois, elabore um breve texto que contemple o cenário trabalhado e suas ponderações.

2. As atividades escolares com foco nos elementos psicomotores são relevantes para o desenvolvimento dos aspectos básicos para a alfabetização. Pesquise, no mínimo, dois exemplos dessas atividades realizadas nas escolas e relacione-os com o conteúdo deste capítulo.

Atividades aplicadas: prática

1. A rotina aplicada no método de Lapierre prevê um início, um meio e um fim. Elabore uma rotina que possa ser aplicada em sala de aula pelo professor. Lembre-se de que ela deve ser clara e concreta para os alunos.

2. Se possível, com um grupo de, no mínimo, 5 e, no máximo, 15 crianças, realize uma atividade que contemple exercícios de esquema corporal, lateralidade, estruturação espacial e organização temporal. Depois, elabore um relato apresentando os resultados.

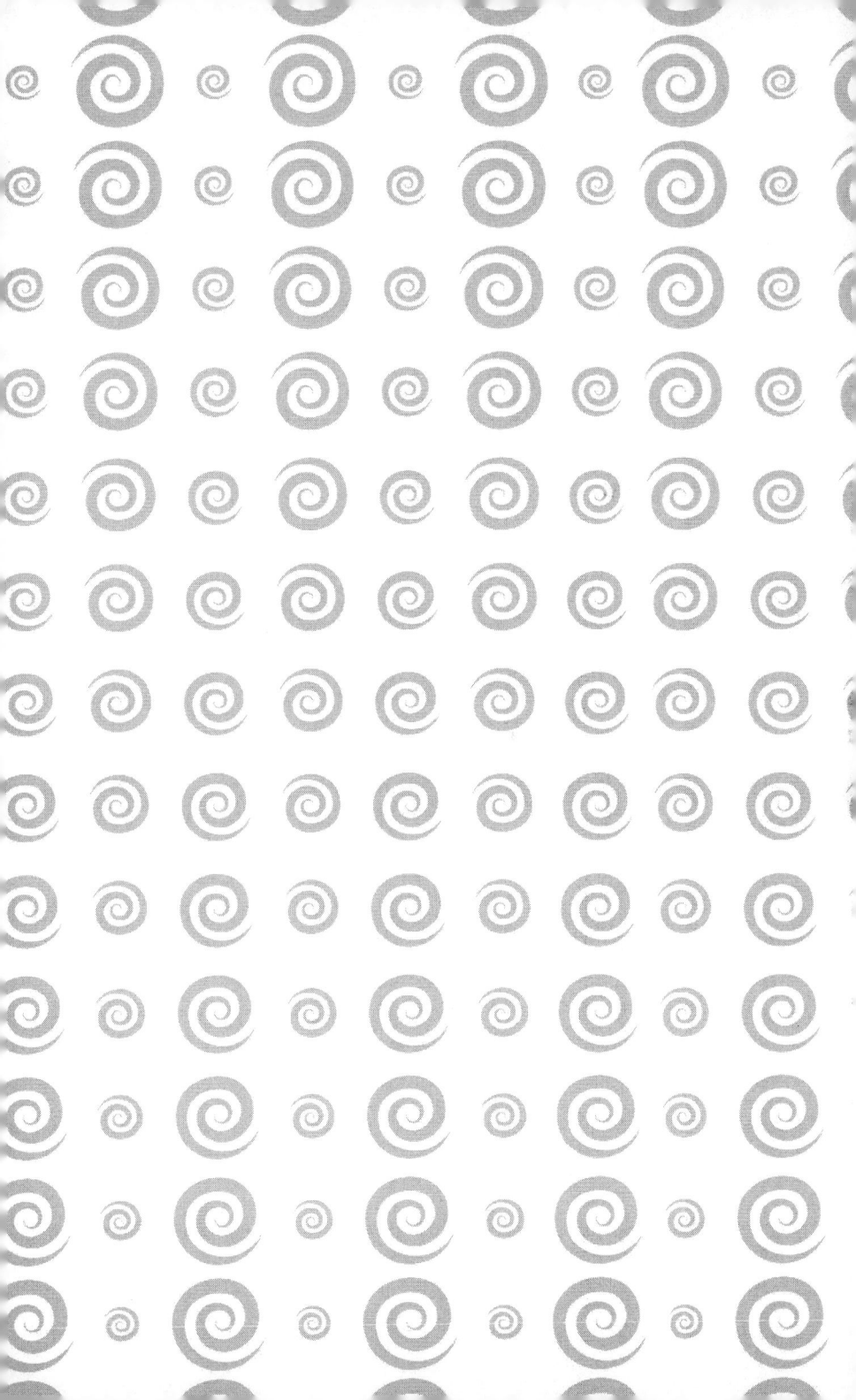

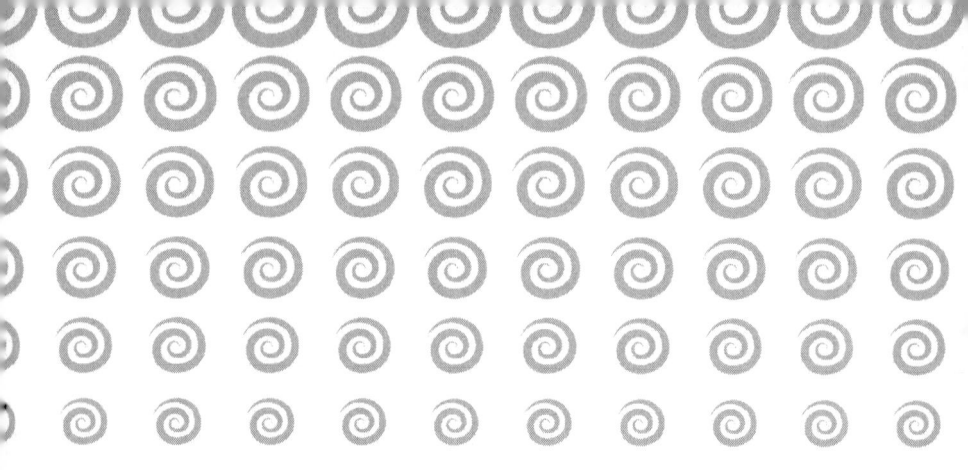

3
Recursos utilizados na prática da psicomotricidade relacional

Neste capítulo, abordaremos as especificidades da prática psicomotora relacional, apresentando de maneira clara os fundamentos que a regem em todos os âmbitos alcançados.

3.1
Materiais como mediação

Na prática psicomotora relacional, os materiais ocupam também lugar de mediadores da relação. Cada material apresenta elementos que integram o campo simbólico em razão de forma, cor, tamanho, espessura, temperatura, textura e possibilidade de movimentos. O envolvimento com o material e a relação estabelecida com o outro por meio do objeto podem indicar a fala inconsciente e abrir as possibilidades de decodificação, ou seja, de interpretação de seu significado.

Os materiais podem ocupar um universo simbólico ou somente uma ação motora, tudo depende da forma como são empregados no jogo simbólico ou na situação de movimento.

Alguns materiais ocupam lugar de destaque no método utilizado por André Lapierre (1923 - 2008), mas é possível agregar outros materiais às vivências, como brinquedos. A opção por determinados materiais visa permitir o menor direcionamento possível. Por exemplo, quando tomamos para brincar um carrinho, já temos a ideia do direcionamento que o brinquedo permite; entretanto, ao escolher um bambolê e transformá-lo em um carro, estamos criando, imaginando e agregando-o ao nosso corpo ou acrescentando outros materiais como acessório para esse fim.

O propósito de utilizar materiais que, por si só, não se vinculem a um fim, mas promovam a criatividade para a construção, oferece maior oportunidade criativa e imaginativa para o indivíduo. O mesmo bambolê que antes foi um carro, em outro momento pode ser uma casa ou uma passagem para outro mundo. As significações das funções e das criações com os materiais possibilitam a decodificação do que o indivíduo quer, deseja, gosta ou sofre.

Por isso, é necessário ter cautela na escolha do material utilizado durante a vivência: cada material pode despertar conteúdos e revelar as demandas latentes dos indivíduos. A simbolização dos materiais pode variar conforme seu emprego no brincar, mas é possível reconhecer que, a partir de sua forma, pode haver um incentivo às ações no brincar. São infinitas as possibilidades de simbolizações ao incluí-los no jogo simbólico.

Todos os materiais devem ser disponibilizados em quantidade suficiente para que todas as crianças tenham acesso. Por exemplo, em uma sessão com 15 crianças participantes na qual são utilizadas somente bolas, o psicomotricista deve disponibilizar em torno de 20 bolas; em sessões com materiais variados, o psicomotricista deve separar uma pequena quantidade de cada material. A quantidade é muito relativa, pois, se excessiva, o material toma mais espaço do que o próprio corpo no brincar e pode resultar em dificuldade na ampliação da espontaneidade corporal; ao passo que, se insuficiente, os projetos e as construções das crianças podem empobrecer, desmotivando-as. A avaliação que se faz das necessidades do grupo é que fortalecem as escolhas quanto à quantidade de materiais.

3.1.1
Bolas

Feitas de plástico macio, com dimensão de 40 cm e cores variadas, as bolas promovem um movimento amplo em razão de sua dimensão. Inicialmente, são atiradas e chutadas por todos os lados, mas, em seguida, podem ser disputadas e preencher, na relação, um espaço de conteúdo. Nesse caso, podem representar uma pessoa, uma mãe, um bebê, entre outros. No campo simbólico, a representação costuma incluir formas mais afetivas e com valor de preenchimento. No campo motor, podem promover jogos, estimular o direcionamento, a força, o posicionamento, o equilíbrio, as disputas, a agressividade e o poder.

Figura 3.1 – Bolas

Figura 3.2 – Prazer sensório-motor com a bola

3.1.2
Cordas

Confeccionadas com material macio e resistente, as cordas são coloridas e seu acabamento, nas pontas, é arredondado de forma a não machucar caso atinjam alguém. Esse material promove um brincar inicial de pular, medir força, laçar, prender e, no espaço simbólico, pode servir de acessório para vestimentas, escudo de força nos braços, faixa na testa como indígena ou ninja, amarrações para construir tendas ou casas, delimitação de espaços e, ainda, sugestão de uma ligação ao outro.

Figura 3.3 – Cordas representando enfeites

3.1.3
Aros

Esse material, também chamado de *bambolê*, é confeccionado em plástico resistente. É importante cuidar para que o bambolê não se rompa durante o brincar, pois, nesse caso, perde-se o sentido de seu formato. No início, as crianças podem tentar bambolear, prender uns aos outros, disputar, mas, no jogo simbólico, o objeto pode se transformar em um carro, uma casa, uma passagem para outro mundo, um túnel, um espaço de descanso e, agregado a outros aros, até mesmo em um trem.

É relevante observar que o material estabelece um limite concreto, e o indivíduo que permanece dentro dele deve ter o limite estabelecido respeitado. No jogo simbólico, uma criança que se coloca na posição interna do bambolê está delimitando seu espaço, caso um adulto ou outra criança deseje acompanhá-la nessa posição interna, precisa pedir permissão para adentrar. Isso demonstra o respeito ao limite ali imposto.

Figura 3.4 – Bambolê como um espaço de passagem

Elisângela Gonçalves Branco Gusi

3.1.4
Bastões

São materiais cilíndricos feitos de espuma com cerca de 80 cm, de cores variadas, podendo ser maciços ou, o que é menos frequente, vazados. Nas vivências, é utilizada uma pequena quantidade de bastões vazados, pois eles permitem uma conexão pelo olhar, pela fala e pela escuta. Alguns os utilizam para encaixar em bastões maciços nas construções ou os agregam aos membros inferiores e superiores, como robôs, ou aos pés, como pranchas. Para os bastões maciços, há outras funções, como espadas em brincadeiras ligadas ao poder (lutas e armas). É um material fálico e ligado ao masculino. Pode, ainda, promover barulhos quando batido no chão ou nas paredes. Em um momento simbólico, pode propiciar uma luta de poder ou um ritmo quando vários indivíduos entram em conexão com o mesmo barulho.

Figura 3.5 – Bastões como espadas

3.1.5
Tecidos

Com diversos tamanhos, cores, texturas e formas, os tecidos se inscrevem no jogo simbólico para criação de fantasias masculinas e femininas: casas, espaços próprios, demarcação de limites. Também podem facilitar brincadeiras motoras, como balanços e escorregas. Esse material propicia uma sensação de cuidado ou contenção quando envolvido no corpo. Alguns indivíduos cobrem-se ou organizam ninhos para se aconchegar, permanecendo ali por longos períodos e, muitas vezes, aceitando carinhos e cuidados, como os destinados a bebês. Os tecidos instigam muito a feminilidade quando utilizados em danças, por exemplo, e favorecem a identificação tanto masculina quanto a feminina.

Figura 3.6 – Tecidos como fantasia para desfile

Figura 3.7 – Tecidos como fantasia para desfile

3.1.6
Caixas de papelão

Em variados tamanhos e formas, as caixas de papelão propiciam um espaço de contenção. No jogo simbólico, podem representar casas, barreiras, espaços individuais ou coletivos, carros, trens ou, ainda, móveis para a casa. No plano motor, os indivíduos empilham grandes construções para depois destruí-las. A destruição das caixas sinaliza o conteúdo de agressividade, portanto é relevante observar a demanda do grupo que brinca.

Figura 3.8 – Transformação da caixa de papelão em fantasia

Elisângela Gonçalves Branco Gusi

3.1.7
Papéis

Os papéis utilizados nas vivências costumam ser os jornais, mas com crianças pequenas são utilizados papéis sem impressão. No início da sessão, esses materiais devem estar organizados no chão, em formato de um grande quadrado. A proposta é que os indivíduos se conectem a um espaço organizado e, em seguida, ao caos. Para viver essa proposta, os participantes são convidados a brincar com o movimento espontâneo e os papéis. O material espalhado por todo o *setting* oferece a sensação de caos, permitindo que cada indivíduo possa envolver-se corporalmente à sua maneira. Deitar, rolar, encher a roupa de papel, esconder o outro e a si mesmo, jogar para cima e rasgar são exemplos de movimentos no brincar. Simbolicamente, é possível fazer roupas, músculos, espaços, além de mergulhar e arremessar no outro.

Figura 3.9 – Vivenciando o prazer no caos com o jornal

3.1.8
Paraquedas lúdico

O paraquedas lúdico é um grande tecido colorido e circular com um orifício no meio, muito utilizado por recreacionistas. Ele foi acrescentado aos poucos aos materiais da psicomotricidade relacional. No brincar com esse material, a criança pode enrolar-se nele e ser puxada por outra pessoa, por exemplo. No jogo simbólico, pode representar o telhado de uma casa ou uma cabana, um esconderijo ou uma prisão. É um material que favorece muito a ligação entre os participantes, a disputa e, até mesmo, o encontro sob ele. O brincar motor é facilitado por seu movimento: por meio da agitação, o material reverbera em pequenas ondas que estimulam as ações de saltar e correr sobre ele.

Figura 3.10 – Prazer vivenciado em cima do paraquedas

Figura 3.11 – Construção da casa

Recursos utilizados na prática da psicomotricidade relacional 97

Figura 3.12 – Registro do vivencidado

3.1.9
Tijolos lúdicos

Recentemente inserido nas vivências de caráter clínico e escolar, esse material – feito de papelão, colorido e de formato paralelepípedo – favorece a construção de diversos elementos simbólicos, como barcos, casas, lojas, móveis, comércios, entre outros. Também delimita espaços e oferece a possibilidade de concretização do pensamento abstrato. No plano motor, os tijolos lúdicos podem servir de patins, trilha para caminhar, faixas de equilíbrio, torres, jogos de boliche, dominó e efeito dominó, entre outros.

Figura 3.13 – Construção de casa com os tijolos lúdicos

3.1.10
Tapete

Com um tamanho que possibilita a todos os participantes o acesso à roda que se estabelece em cima dele, o tapete é simbolicamente a casa do psicomotricista, onde tudo começa e termina. É macio, acolhedor e proporciona um lugar de tranquilidade, contenção afetiva e proteção durante o brincar. As brincadeiras que ocorrem no tapete são tranquilas; corridas, disputas e oposições são proibidas nesse espaço.

Durante o relaxamento, o psicomotricista busca o tapete, pois algumas crianças podem procurá-lo para receber contenção afetiva ou sentir acolhimento. Crianças que deitam próximo ao tapete e colocam somente uma pequena parte do corpo sobre ele podem estar comunicando um desejo ainda difícil de assumir, um sentimento que, até então, não conhecem bem.

A simbolização do tapete está ligada ao poder – é o espaço do adulto e a transição da criança sobre ele, refletindo sua forma inconsciente de ver e sentir os adultos. Junto ao tapete, pode haver algumas almofadas, que devem ser escolhidas pelas crianças, com vistas a criar uma identidade com o espaço, fazendo com que as crianças se sintam protegidas durante o relaxamento.

3.1.11
Música

A música instrumental é a mais indicada. Durante as sessões, não é obrigatória, seu uso depende do grupo e da necessidade do preenchimento do ruído no *setting*. Sugere-se não utilizar músicas de *modinha*[1], pois algumas crianças podem ficar presas a desenvolver passinhos conhecidos e deixar de lado a espontaneidade e o simbolismo, os quais são a base desse método. Podem ser selecionadas músicas infantis, instrumentais e sons de natureza para o momento de relaxamento.

Entretanto, a música pode servir para encorajar, aproximar, animar ou, ainda, relaxar um grupo. É fundamental a percepção do psicomotricista sobre as demandas que o grupo apresenta. A decisão de inserir ou não a música deve ter como base o objetivo a ser alcançado com o grupo, portanto, a atenção é sobre a possível dependência do adulto com relação à música. Essa é a autorreflexão que o psicomotricista deve fazer a todo momento.

3.2
Relação com o psicomotricista

A relação que o psicomotricista estabelece com as crianças durante as sessões é de **mediação**. *Mediar* é fornecer

• • • • •
1 O termo se refere àquelas músicas que se repetem intensamente nos meios de mídia durante um período.

possibilidades, saber esperar. Na prática psicomotora relacional, quem propõe é a criança; o psicomotricista colabora com as possibilidades de evolução do desejo expresso por ela. É fundamental estabelecer um **vínculo de confiança** para que a criança se sinta à vontade para exprimir suas demandas e livre para fazer escolhas. Quando a confiança é estabelecida, é possível que a criança ouse mais, coloque-se de maneira completa, revele, por meio de suas ações e invenções, sua fala interna.

O adulto psicomotricista, segundo Lapierre e Aucouturier (2004, p. 104), deve dispor de "um pouco de imaginação, para poder acompanhar e orientar uma imaginação muito maior, que é a das crianças. Muita disponibilidade e a ausência de ideias pedagógicas preconcebidas. Uma paciência serena. É necessário saber esperar".

A posição do adulto é empática, de aceitação, de espera e de compreensão daquilo que a criança está fazendo ou deseja fazer, ajudando-a a tomar consciência de suas ações. A relação de aceitação exclui os conceitos sociais, religiosos e culturais do psicomotricista, permitindo aceitar a criança independentemente das ações que empreende, o que possibilita a ampliação da escuta e a decodificação. É preciso acolher crianças que apresentam um comportamento de agressividade, que se opõem de diversas formas, rechaçando o psicomotricista, por exemplo. Aprender a aceitar é também aprender a lidar com os próprios sentimentos, aceitar o rechaço como uma manifestação da criança em sua comunicação inconsciente.

Muitas crianças rechaçam o adulto como forma de estabelecimento de comunicação, ou seja, dependendo da demanda e do histórico pessoal, a criança pode ter essa atitude para entrar na relação, pois não concebe outra forma de acessar o outro.

> A vinculação acontece em um processo que se inicia pela aceitação, por parte do psicomotricista, das mais variadas formas de expressão que acompanham o brincar da criança.

Nesse processo, a disponibilidade corporal faz a comunicação se ampliar – o corpo que aceita ser dominado, acessado e envolvido no brincar faz parte das ações como um instrumento.[2] O corpo envolto nesse brincar amplifica as atitudes simbólicas e abre espaço para o reconhecimento da criança em suas ações positivas. A criança que busca o adulto para uma luta com bastões (simbolicamente espadas) e persiste muito nesse brincar, por exemplo, demonstra que quer ser reconhecida por sua força, seu poder.

Geralmente, as crianças esperam o **reconhecimento** do psicomotricista pelas ações que elas tomam. Esse reconhecimento pode vir por meio de um gesto, um olhar, uma comemoração durante o brincar ou, até mesmo, na roda final, verbalizando a ação que necessita desse reconhecimento. Ele pode estar nas representações de atitudes afetivas, quando as crianças cuidam umas das outras, reconhecem que erraram, aceitam dividir, tornam-se pacientes, preocupam-se com outras ou, em construções – representadas por projetos de

- - - - -
2   Aqui, fazemos uma ressalva quanto à disponibilidade do corpo. O psicomotricista pode intervir comunicando a criança caso ela tenha uma ação que possa machucar o corpo ou limitando a ação tendo em vista o objetivo do brincar. Destacamos o princípio fundamental dos direitos humanos: o direito à vida e o não uso da violência, para que os objetivos da prática sejam atingidos.

naves espaciais, casas, comércios, hospitais, castelos etc. –, esmeram o cuidado e a realização de um projeto elaborado com atenção e respeito aos outros.

A criança que se aprofunda na vinculação com o psicomotricista tende a viver **relações transferenciais**[3]. Essas relações merecem muita atenção, pois é responsabilidade do psicomotricista o zelo pela qualidade da relação estabelecida com a criança. Relações transferenciais exigem muita sensibilidade dos psicomotricistas. Lapierre, Llorca e Sánchez (2015) alertam que, muitas vezes, é difícil para o psicomotricista experienciar a frustração ou a indiferença, mesmo vivendo com a criança uma relação de afetividade, ou disponibilizar o corpo para a descarga agressiva que a criança externa, aceitando sua raiva, sua oposição e seu rechaço.

Da mesma forma que entra na relação, o psicomotricista precisa sair, para que a autonomia da criança ganhe espaço. A relação de transferência deve possibilitar segurança e limites sem oferecer riscos relacionais para a criança. É uma estruturação que o psicomotricista disponibiliza à criança a partir de sua própria estrutura.

Todas as relações vivenciadas devem respeitar o espaço do outro, seja físico, seja subjetivo. Essas relações podem acontecer mesmo à distância, como quando uma criança brinca de construir sua casa e, ao final, olha para o psicomotricista e recebe o reconhecimento com um sorriso ou mesmo com aplausos. Diante dessa relação à distância, é possível indagar:

• • • • •
3 As *relações transferenciais*, assim definidas pela teoria psicanalítica, apontam a projeção que a criança faz no psicomotricista, identificando-o como algo ou alguém de seu desejo.

Para quem a criança construiu a casa? Por que, para ela, é tão importante o reconhecimento do adulto? Outras relações ocorrem pela aceitação do limite que a criança dá a seu espaço, quando o constrói e não permite que outros o acessem. Há também aquelas que dependem de um corpo mais presente e encontram, no colo do psicomotricista, uma contenção afetiva que, muitas vezes, não dispõem em sua realidade.

O respeito ao espaço do outro deve ser reconhecido em seus benefícios. A criança sem limites, muitas vezes, pode solicitar o limite dos outros, mas só poderá compreender a importância do respeito quando seu limite for respeitado. Portanto, a percepção dos sentimentos latentes que as crianças trazem é fundamental para concretizar esse respeito, que precisa ser mútuo em uma sessão psicomotora relacional.

3.3
Relação corporal

O corpo do psicomotricista é um objeto de intermediação e deve estar disponível. As ações corporais reflexas ou conscientes emergem de uma relação tônica estabelecida com o outro.

> De fato, nosso corpo é que é o "objeto" mais importante. É o lugar de projeção de todas as fantasias da criança, símbolo dos seus desejos; objeto a ser amado ou a ser destruído, lugar de prazer e de segurança, objeto a ser conquistado, a ser

possuído ou rejeitado, objeto de confiança e de desconfiança, lugar onde ela queria penetrar e do qual quer se libertar, síntese de todas suas ambivalências e de todos seus conflitos. (Lapierre; Lapierre, 2010, p. 106)

O tônus muscular, segundo Hurtado (1991, p. 108), é a

tensão dos músculos pela qual as posições relativas das diversas partes do corpo são corretamente mantidas e que se opõe às modificações passivas dessas posições. Estado de contração, ou de início de contração, em que se encontram permanentemente os músculos estriados nos organismos vivos.

A **comunicação tônica** acontece a partir da sensação do contato ou da distância no corpo vivido, de forma a expressar sentimentos. Ela é registrada pelo outro na disponibilidade com que se coloca na relação. São momentos de entrega, de escuta, que possibilitam o **dizer corporal**, ou seja, uma comunicação autêntica e inconsciente.

Essa comunicação é a base do trabalho psicomotor. Na comunicação tônica[4], há destaque ao acordo tônico, ou seja, o psicomotricista necessita sentir o tônus do outro para se envolver de maneira análoga. Quando uma criança busca o adulto para uma disputa com bastões, que representam espadas, por exemplo, a força que o adulto investe no bastão precisa equiparar-se à força da criança. É como um reflexo

•••••
4   Ou diálogo tônico. Segundo Mastrascusa e Franch (2016, p. 69-70): "Um conceito que se refere aos princípios da relação da mãe com seu bebê, que atua como organizador da relação e modalidade de transmissão emocional. Informa-nos do nível de ativação, motivação e qualidade emocional. E se transmite por suas variações a um receptor sensível".

de sua própria força. Isso faz com que a criança perceba que o adulto está reconhecendo sua força.[5]

As ações desse tipo são chamadas de *simbólicas*, ou *jogo simbólico*, e são extremamente presentes nas sessões de psicomotricidade relacional. O corpo é disponível para viver e fantasiar-se a partir do desejo manifesto pelas crianças. O psicomotricista assume uma fantasia de acordo com que está sendo vivenciado pelas crianças.

É pelo jogo simbólico que se revelam as demandas latentes. Quando a criança brinca de ser cachorrinho, por exemplo, assumindo uma posição de submissão em relação aos colegas e repetindo esse comportamento por várias sessões, sem conseguir tomar a posição de dona quando convidada, esse comportamento pode estar ligado a uma demanda afetiva muito grande ou, mais possivelmente, à falta de poder para assumir o papel de controle do outro. Essas percepções ou decodificações dos conteúdos latentes que as crianças apresentam fortalecem as ações interventivas do psicomotricista.

> Este é um dos mais relevantes motivos para o investimento no jogo simbólico: por meio da prática, sem perceber, a criança vai se revelando, apresentando seus conteúdos inconscientes e também recebendo respostas simbólicas e estruturantes às suas demandas.

• • • • •
5 É fundamental a percepção desse aspecto por parte do adulto. Algumas crianças se utilizam de tônus forte e sentem a força equiparada à sua; outras apresentam um tônus muito fraco e, quando esse tônus é respeitado, ganham confiança para usar mais força na tentativa de superar o psicomotricista, o que as torna mais seguras e confiantes.

Segundo Gusi (2016, p. 38):

> a psicopedagogia trabalha com a aprendizagem do indivíduo cognoscente, que leva à construção do conhecimento a partir da relação estabelecida com o outro, das experiências, das mobilizações do objeto e do desejo. Diante disso, explora possibilidades no jogo simbólico que favorecem a imaginação e representatividade da forma como estrutura à aprendizagem, além de possibilitar construções cognitivas que flexionam sua capacidade de novas elaborações.

Todas as ações simbólicas são relevantes para a decodificação por parte do psicomotricista e suas intervenções. As ações simbólicas são carregadas de sentimentos e deles emergem a possibilidade de **expressão corporal**.

A expressão do corpo pode apresentar-se de diversas formas. Vejamos algumas delas a seguir.

- **Olhar** – Pode expressar dor, susto, medo, desconfiança e encontrar reconhecimento. Quando uma criança realiza uma ação e rapidamente olha para o psicomotricista, por exemplo, revela uma insegurança, um desejo de reconhecimento ou de afirmação sobre seus atos. Olhar nos olhos do outro pode desvendar conteúdos intrínsecos, como inibição, medo, oposição e insegurança. O olhar é penetrante e merece atenção por parte do adulto para não se tornar invasivo. Segundo Lapierre e Lapierre (2010, p. 47): "O corpo do outro torna-se uma imagem visual que penetra em mim pelo olhar... e pouco a pouco a criança percebe que a sua própria imagem também penetra no corpo do outro e nele provoca reações".

- **Olfato** – O cheiro pode representar o desejo de pertencimento ou não. Nas práticas psicomotoras relacionais, algumas crianças que pouco cuidam de seu corpo, após alguns encontros, começam a se apresentar mais cuidadas, percebe-se que tomam banho, trocam as meias com mais frequência, parecem se importar mais com o próprio corpo, desejando serem tocadas, acolhidas. O cheiro também pode trazer memórias boas ou ruins. Para o psicomotricista, o desafio é buscar, em sua formação, poder acolher os diferentes cheiros, aceitando a criança da forma como se apresenta.
- **Voz** – "[...] todos os sons vocais que saem do corpo para entrar no corpo do outro restabelecem uma penetração simbólica. A voz é o mediador mais arcaico; a da mãe já é percebida pelo feto no útero" (Lapierre; Lapierre, 2010, p. 46). Algumas crianças gritam para se comunicar, outras se calam; toda expressão tem seu valor como forma de identificação dos conteúdos latentes. O psicomotricista utiliza os sons vocais como resposta ou imitação às crianças, investe na comunicação corporal e é livre de consignas, retirando-se de uma posição de professor. Por isso, a fala é envolvida no jogo simbólico, e não como direcionamento das ações das crianças.
- **Toque** – Deve ser bem avaliado pelo psicomotricista para que a criança não se sinta invadida, seja por um carinho de contenção afetiva, seja por um toque de apoio a alguma ação. Algumas crianças esperam um carinho no momento de relaxar, toque que deve ser acolhedor e seguro, como um apoio.

O corpo é a base do trabalho psicomotor; compreender sua expressão, sua comunicação pelo tônus, é fundamental para entender a criança.

> Nesse sentido dizemos que às vezes o mais importante não é tanto compreender o significado do tônus e as ações da criança, mas sim "entender tonicamente" que está expressando "algo" e que aquilo que expressa é realmente importante para ela e atuar em consequência dando valor a suas atuações. (Mastrascusa; Franch, 2016, p. 70)

Assim, a relação corporal se apresenta como um instrumento de decodificação e intervenção da prática psicomotora relacional.

3.4
Setting psicomotor relacional

O espaço onde ocorrem as sessões psicomotoras relacionais é chamado de *setting*. Esse espaço deve permitir o acolhimento e a proteção, livre de olhares externos ou avaliativos das atitudes no brincar das crianças. Representa a liberdade, a segurança, o acolhimento, o desabafo que cada criança pode possibilitar. Isso não quer dizer que não admita regras; elas existem e são relembradas sempre que necessário. Entretanto, o *setting* é preparado para que a criança, por meio de sua espontaneidade, expresse sua fala interior e, para isso, é fundamental que o psicomotricista **faça silêncio em si** (Lapierre;

Aucouturier, 2004), ou seja, que permita a atividade espontânea da criança para entendê-la, escutá-la e ajudá-la. Esse espaço de liberdade inclui limites e respeito ao outro. Nele, cada criança é responsável por seus atos e sempre é lembrada quando ultrapassa esses limites.

Muitas crianças, quando adentram o espaço e percebem que podem brincar do que desejarem, correm por todos os lados sem objetivo aparente. Pelo simples fato de correr, chegam à exaustão e, só então, prestam atenção no que os outros estão fazendo ou elaboram seu projeto no brincar.

Esse fato enseja uma reflexão sobre como as crianças são conduzidas no espaço escolar. Algumas, com 4 ou 5 anos, em pleno desenvolvimento de aquisição motora, são obrigadas a permanecer sentadas em cadeiras durante a tarde, realizando atividades do livro ou da apostila. Refletir sobre os espaços e o tempo de expressão corporal, no espaço escolar, das crianças que ainda estão em tempo de apropriação de movimentos motores é fundamental para seu pleno desenvolvimento.

Para facilitar a expressão e os movimentos, o *setting* deve ser livre de mobília; um espaço que não apresente **perigos** com que as crianças possam trombar ou se machucar. Janelas e vidros devem estar bem protegidos, e as luminárias devem estar bem presas, para que não caiam caso as bolas as atinjam. O tapete deve permanecer em local estratégico, assim como os materiais que serão utilizados.

Não existe na literatura nenhuma referência sobre o **tamanho ideal** do *setting*; ele depende do grupo e da idade das crianças que serão atendidas. O espaço precisa possibilitar que as crianças possam correr e se movimentar sem se chocarem umas com as outras, que possam realizar suas construções com liberdade e organização espacial.

Costa (2008) sugere que, na sala de psicomotricidade relacional, haja um espelho e um quadro de fácil acesso pelas crianças e de tamanho que comporte todo seu corpo. No trabalho com a construção da imagem do corpo, é preciso dispor de instrumentos por meio dos quais a criança possa se olhar ou se desenhar por inteira.

Ainda pode conter um espaldar[6] e materiais espumados que facilitem a subida, a passagem e os demais desafios motores. Esses materiais podem fazer parte do *setting*, mas não são obrigatórios segundo a proposta de Lapierre (2002).

O cuidado quanto à **higiene** do *setting* é fundamental, uma vez que as crianças brincam descalças e, muitas vezes, com o corpo tocando diretamente o chão. Em localidades onde a variação climática é grande, muitos aderem aos tatames emborrachados que se encaixam e permitem maior conforto ao brincar. Os emborrachados restringem as possibilidades motoras de deslizamento, mas proporcionam maior segurança em caso de queda.

Como a organização do material utilizado faz parte da rotina, é necessário disponibilizar, no *setting*, o **espaço dos materiais**. Caso o *setting* seja compartilhado com outras atividades em outros momentos ou os materiais não permaneçam lá, após encerrar a atividade, sugere-se que o psicomotricista reserve um espaço para onde as crianças devam

• • • • •
6 Confeccionado de madeira, permanece fixado na parede, como uma espécie de escada; é utilizado também para alongamento e exercícios de fortalecimento muscular.

levar os materiais utilizados. Isso destaca o cuidado com a organização e a despedida do vivenciado.

A organização do material, deixando o *setting* como estava no início, favorece a estruturação da criança quanto à temporalidade, ao limite e à espacialidade. É possível que algumas crianças se recusem a ajudar na organização, caso em que o psicomotricista pode reforçar a importância da ajuda e validar as crianças que brincaram e guardaram os materiais. As crianças que se recusam a ajudar podem ser as mesmas que apresentam dificuldades no que diz respeito aos limites, verbalizando que o tempo da sessão é pouco e que gostariam de permanecer ali por mais tempo.

Destacamos o *setting* como um espaço simbólico, que vai sendo apropriado criança a criança, pouco a pouco, em um processo, até que se localizem e criem suas próprias estruturas. Todo esse investimento espacial e simbólico é também parte do psicomotricista, que zela e lidera, além de se sentir confortável e seguro, sentimentos que transmitirá para as crianças.

3.5
Rotina na psicomotricidade relacional

Lapierre (2002) colocou a rotina como forma de organização e estruturação para as crianças que participavam da prática. A rotina é fundamental para o entendimento de todo o processo por parte da criança, ainda que possa ser alterada em casos especiais, geralmente clínicos, nos quais a criança não tenha condições de segui-la.

Por tratar-se de uma atividade diferenciada das propostas realizadas na escola e despertar euforia em parte das crianças, destacamos, aqui, a organização para ocupar o *setting*. É imprescindível que elas se deparem com um psicomotricista entusiasmado e atento. Muitas vezes, as crianças adentram o *setting* e correm[7] em várias direções, mesmo com sapatos, por não estarem adaptadas à rotina. Sentem um espaço de liberdade e espontaneamente expressam seus desejos; liberam o corpo ao espaço, ao movimento, sem precisar controlá-lo; estão livres, felizes, empolgadas e pouco escutam qualquer comando que as faça parar. Nesse momento, são importantes o entusiasmo e a atenção do psicomotricista, deixando que a euforia se encerre para organizar as crianças e orientá-las a retirar os sapatos e a sentar no tapete.

O tapete, como já destacamos, é um espaço de acolhimento, onde cada criança, em sua vez, pode expressar o que deseja, contar algo que venha à sua mente. Com crianças bem pequenas, é possível cantar uma música ou fazer alguma brincadeira de baixo movimento[8].

A **roda inicial** que acontece no tapete permite ao psicomotricista sentir as demandas do grupo. Algumas vezes,

• • • • •
7 É uma característica de crianças menores, geralmente nas primeiras sessões; depois, elas compreendem que haverá um espaço para a expressão dos sentimentos. A rotina integrada sustenta a tranquilidade das crianças para vivenciar cada etapa com segurança e atenção.

8 Brincadeiras em que as crianças se mantenham sentadas, encontrem uma parte do corpo, batam palmas etc.

o psicomotricista prepara os objetivos da sessão com base no que foi vivenciado na sessão anterior, mas a fala dos participantes pode sugerir uma modificação da proposta. A roda inicial é o momento no qual as crianças elaboram o que vão fazer, como executarão suas ideias e de que materiais precisarão para cumprir seus projetos. O tempo da roda inicial pode variar, dependendo da demanda do grupo, mas não deve alongar-se muito com crianças pequenas, pois restringe o tempo de brincar.

Os **materiais**, então, são disponibilizados pelo psicomotricista. Nesse momento, é importante que o profissional mantenha o controle e organize a entrega para as crianças.

Inicia-se, então, o momento de **brincar**: cada criança com suas ideias, com suas parcerias e suas construções. O brincar é espontâneo, simbólico e muito feliz, as crianças compreendem a liberdade, mostram-se pela autenticidade, vivenciam seus desejos e suas fantasias. No brincar, evoluem de acordo com o que compreendem ou preenchem com suas necessidades pessoais; fazem escolhas e precisam aprender a lidar com as consequências. Durante o brincar, as crianças viram fadas, super-heróis, guerreiros, princesas, médicos, apresentadores, cantores ou construtores de seus espaços. As fantasias são inúmeras e revelam conteúdos internos de cada criança.

O psicomotricista embarca no brincar com prazer, investindo nas propostas das crianças, entretanto, deve manter-se atento às brincadeiras que propõem e sensível para entrar ou não nas propostas criadas pelas crianças. Quando as crianças constroem uma casa coletiva, por exemplo, o psicomotricista deve pedir permissão para entrar no espaço; se as crianças não permitirem, o profissional deve compreender e se retirar para outra relação. Nesse exemplo, fica clara a importância da sensibilidade do psicomotricista; saber respeitar o limite do outro é despertar nele essa consciência também. As crianças brincam de diversas formas, comunicam-se, criam, e o psicomotricista brinca, comunica-se e cria também.

No tempo de brincar, todos, adultos e crianças, estabelecem suas maneiras de se comunicar, de se integrar, de vivenciar o prazer, de assumir seus desejos e de respeitar o outro.

O psicomotricista, como adulto, não perde seu poder, pelo contrário, ganha-o, pois as crianças percebem que são respeitadas e aceitam com mais facilidade suas limitações.

Há momentos em que o psicomotricista precisa ser mais firme com alguma criança que insiste em não compreender esses limites. Faz isso com orientação, mostrando as consequências, mas destacando a compreensão que tem sobre a criança. Essa ação eleva a relação, e os dois tornam-se parceiros, certos de uma comunicação autêntica, capazes de se apoiar com segurança em suas ações e reações.

Muitas histórias são criadas no *setting*. Vivências simbólicas potencializam os sentimentos e despertam a capacidade da criança de reestabelecer seu caminho, desenvolver possibilidades de colocar-se de outra forma, de melhorar, de crescer internamente.

Concluído o tempo de brincar é chegada a hora de **descansar**. Ao sinal do psicomotricista, que o faz de maneira suave, cada criança procura um lugar na sala para relaxar, baixar a agitação, retomar o fôlego. Nesse momento, o psicomotricista vai para o tapete ocupar seu lugar e receber as crianças que queiram descansar junto. É uma posição de acolhimento: sentado, o psicomotricista recebe quem deseja se aproximar e consegue descansar no tapete. Todos vão se acalmando, mesmo as mais agitadas procuram um lugar da sala para suas inquietudes, respeitando também seus colegas. O despertar vem com uma boa espreguiçada! Todos vão se levantando para **organizar os materiais** que usaram; até os mais resistentes, aos poucos, vão se permitindo.

Com tudo arrumado, chega a hora de retomar a conversa: a **roda final**. As crianças sentam-se em roda novamente, verbalizam sobre o que brincaram, o que construíram, aquilo de que gostaram e de que não gostaram. É possível que o psicomotricista proponha que desenhem ou escrevam sobre seus sentimentos, mas a conversa deve estabelecer trocas, reflexões e sentimento de apoio.

A sessão se encerra, todos calçam seus sapatos e retornam aos seus destinos com algo construído, vivenciado, sentido, fortalecido. É fundamental que o psicomotricista perceba se todos estão bem ao se despedir, comunicando, então, o próximo encontro.

Síntese

Os conteúdos deste capítulo situaram a prática psicomotora relacional por meio dos recursos utilizados. Destacamos os materiais: cada um deles sugere construção e criatividade e tem extrema relevância na mediação da relação com o psicomotricista. Para tanto, os materiais oferecem potencialização para o investimento simbólico e permitem o despertar de conteúdos inconscientes por parte das crianças no momento em que brincam.

Em seguida, analisamos a relação com o psicomotricista relacional, que deve ter uma postura empática, de aceitação incondicional do outro, disponibilizando seu corpo e seu brincar por meio do prazer e da criatividade, investindo nas relações. O profissional deve ser extremamente incentivador das ações que as crianças apresentam e que as beneficiem em seu desenvolvimento.

Então, abordaremos a relação corporal: o corpo se desprende de maneira rígida para agir com flexibilidade, de forma autêntica e simbólica. É um corpo disponível para o outro, para a escuta e decodificação. Ainda, tratamos do *setting*: lugar de proteção, que possibilita a liberdade para viver o desejo que cada criança carrega. Os limites são regidos pela rotina do método e facilitam a decodificação do psicomotricista para as possíveis intervenções. Por fim, mas não menos importante, identificamos a rotina como recurso da prática psicomotora relacional.

Cada etapa, material e relação que se estabelece com a criança cria os indícios de sua fala interna. O brincar espontâneo e simbólico evidencia suas demandas. Cabe ao psicomotricista decodificar para intervir de maneira simbólica e segura por meio do corpo e do brincar.

Atividades de autoavaliação

1. O psicomotricista relacional estabelece com a criança uma relação empática, de disponibilidade, participa do brincar adequando seu tônus para se inserir no universo do outro. Assinale a alternativa que melhor relaciona essa atitude ao objetivo do psicomotricista:

a) Escuta e decodificação.
b) Aprimorar a relação.
c) Manter a atenção das crianças.
d) Estabelecer maior controle do grupo.
e) Conquistar a criança.

2. Os materiais podem ocupar um universo simbólico ou somente uma ação motora, tudo depende da forma como são empregados no jogo simbólico ou na situação de movimento. Analise as afirmativas a seguir e marque V para as verdadeiras e F para as falsas.
   ( ) As bolas podem representar uma pessoa no universo simbólico da criança.
   ( ) Não é possível misturar vários tipos de materiais nas vivências; deve-se oferecer um tipo em cada vivência.
   ( ) As caixas de papelão podem ser rasgadas se o conteúdo apresentado pelas crianças for a agressividade.
   ( ) Os tijolos lúdicos oferecem grandes possibilidades simbólicas, além das construções.

   Agora, assinale a alternativa que apresenta a sequência correta:
   a) F, F, V, F.
   b) V, V, V, F.
   c) V, F, V, V.
   d) F, F, V, V.
   e) V, V, F, F.

3. Todas as ações simbólicas são relevantes para a decodificação por parte do psicomotricista e suas intervenções. As ações simbólicas são carregadas de sentimentos e deles emergem as possibilidades de expressão corporal. Assinale a alternativa que apresenta as diversas formas de expressão corporal utilizadas pelos psicomotricistas:
   a) Olhar, olfato, voz e toque.
   b) Olfato e voz.
   c) Olhar e toque.
   d) Olhar, voz e toque.
   e) Toque e voz.

4. Segundo Hurtado (1991, p. 108), o tônus muscular é a

   tensão dos músculos pela qual as posições relativas das diversas partes do corpo são corretamente mantidas e que se opõe às modificações passivas dessas posições. Estado de contração, ou de início de contração, em que se encontram permanentemente os músculos estriados nos organismos vivos.

   Sobre as situações empregadas na prática psicomotora relacional, analise as afirmativas a seguir.

   I) Uma criança busca o adulto para uma disputa com bastões, os quais representam espadas; a força que o adulto investe no bastão não precisa equiparar-se à força da criança.
   II) São momentos de entrega, de escuta, que possibilitam o "dizer corporal", uma comunicação autêntica e inconsciente.

III) No acordo tônico, o psicomotricista necessita sentir o tônus do outro para se envolver de maneira análoga.

IV) O tônus é um comunicador, mas o psicomotricista deve estar atento, pois nem sempre o tônus empregado no brincar representa o conteúdo manifesto da criança.

Agora, assinale a alternativa que apresenta somente itens corretos:

a) I e II.
b) I e IV.
c) I, II e III.
d) II, III e IV.
e) I, II, III e IV.

5. O espaço onde ocorrem as sessões psicomotoras relacionais é chamado de *setting* e deve permitir o acolhimento e a proteção, livre de olhares externos ou avaliativos das atitudes durante o brincar das crianças. Assinale a alternativa que apresenta características do *setting* da psicomotricidade relacional:

a) Espaço aberto, sem mobília e com um espaldar.
b) Espaço fechado, com mesas e cadeiras para as atividades do final da sessão.
c) Espaço amplo e fechado, sem nenhum material.
d) Espaço amplo, sem mobília, fechado, com o tapete e os materiais utilizados na sessão.
e) Espaço aberto, com materiais diversificados para a criança fazer suas escolhas.

Atividades de aprendizagem

Questões para reflexão

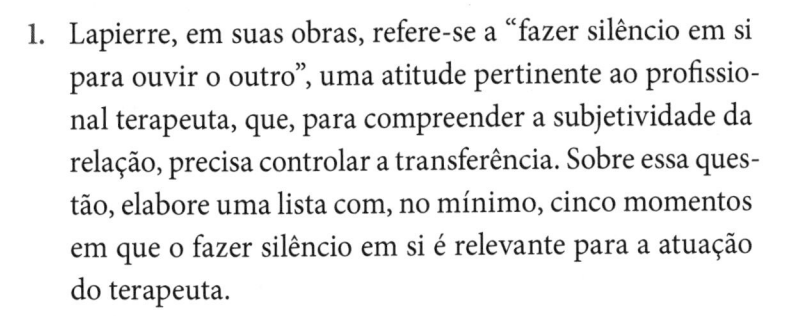

1. Lapierre, em suas obras, refere-se a "fazer silêncio em si para ouvir o outro", uma atitude pertinente ao profissional terapeuta, que, para compreender a subjetividade da relação, precisa controlar a transferência. Sobre essa questão, elabore uma lista com, no mínimo, cinco momentos em que o fazer silêncio em si é relevante para a atuação do terapeuta.

2. Como você se sente quando brinca com as crianças, considerando suas dificuldades e facilidades nessa relação?

Atividades aplicadas: prática

1. Convide um grupo de crianças para brincar, mas não direcione o brincar, fale que você vai brincar do que elas quiserem. Analise como lidam com sua postura, procurando falar o menos possível para não direcionar a brincadeira, e identifique o tipo de relação que cada criança estabelece com você (dependência, posse, indiferença etc.)

2. Escolha um dos materiais que são utilizados nas práticas psicomotoras relacionais e leve para um grupo de crianças brincar. Esclarece que eles devem criar com os materiais (a bola, por exemplo, pode ser uma pessoa, um animal etc.). Produza um texto contemplando como foi a experiência e quais foram os simbolismos trazidos pelas crianças.

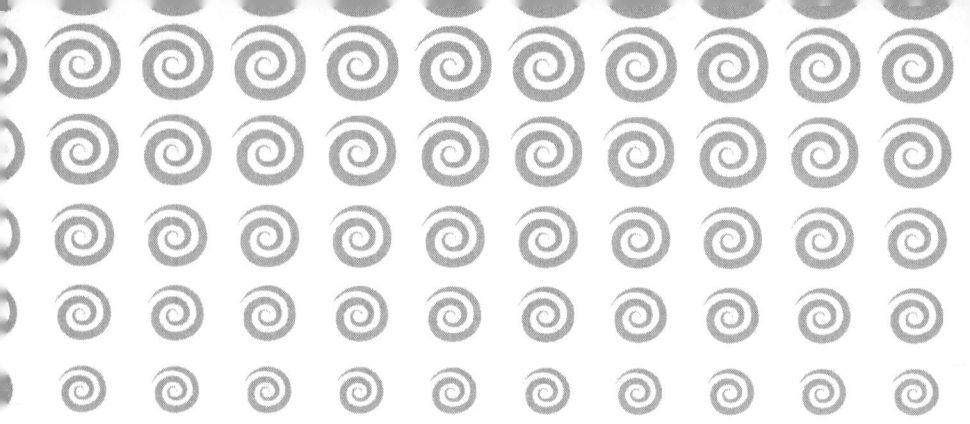

4
Jogo simbólico e espontaneidade

Neste capítulo, nosso objetivo é levar você a refletir sobre a relevância do jogo simbólico e da espontaneidade para o desenvolvimento do indivíduo. Cada elemento abordado aqui é merecedor de construção na prática.

4.1
Construção simbólica da criança

O processo de aprender está ligado às potencialidades de cada indivíduo e é perpetuado na relação que estabelece com o meio, os estímulos e o ambiente. A aprendizagem inicia-se a partir do nascimento, momento em que a criança entra em contato com o mundo.

> Para construir conhecimento, o ser humano, um organismo em funcionamento, articula as dimensões constitutivas de sua condição de humano e transforma a informação de tal maneira que, ao mesmo tempo em que aprende, organiza-se internamente como sujeito que deseja saber. (Barbosa; Sousa, 2010, p. 21)

Essa construção vai constituindo-se a partir de uma junção entre o desejo, os estímulos e as percepções. Cada indivíduo desenvolve suas capacidades neurológica, motora, cognitiva, social e afetiva. O mundo social em que está inserida torna-se a base para o desenvolvimento simbólico da criança.

Para a representação interna do mundo externo, a criança simboliza. É interessante observar crianças que, após retornarem da escola, enfileiram suas bonecas e brincam que são professoras. Essa ação refere-se à organização interna que a criança faz de tudo aquilo que percebeu em seu meio.

Sobre a relevância das elaborações simbólicas, Barbosa e Sousa (2010, p. 31) afirmam:

> Neste sentido, o desenvolvimento das elaborações simbólicas na evolução humana é fundamental para compreendermos o desenvolvimento do sujeito cognoscente que, quando nasce, precisa conhecer o mundo concreto para representá-lo por meio de símbolos. É com a mediação que vai aprendendo a cultura do contexto no qual se encontra mergulhado: aprende o que é e o que não é perigoso; o que pode e o que não pode

fazer; conhece a língua com a qual as pessoas comunicam-se; desenvolve crenças; constrói conceitos sobre o belo e o não belo; desenvolve concepções; aprende a lidar com as frustrações, transformando desejos impossíveis em brincadeiras, em histórias, em desenhos e em toda a forma simbólica que consiga representar a realidade, a qual não pode acontecer em um determinado espaço ou tempo.

Assim, as crianças representam em ações e exercitam desejos, medos, anseios e frustrações de forma simbólica.

A **construção do simbolismo** por parte da criança acontece a partir do desempenho de cada fase e de sua superação. Para Piaget (1978), a atividade motora é o ponto inicial para o desenvolvimento da inteligência. Segundo a classificação dele, as fases são: sensório-motor (0 a 2 anos); pré-operatório (2 a 6 - 7 anos); operatório concreto (7 a 10 - 11 anos); e operatório formal (11 a 14 - 15 anos). Essa classificação sustenta a pesquisa do psicólogo suíço e aponta as diversas formas de representação que interferem na interação da criança.

"Há representação quando se imita um modelo ausente. Assim acontece no jogo simbólico, na imaginação e até no sonho. Enfim, o sistema de conceitos e relações lógicas supõe a representação, quer em suas formas operatórias quer nas intuitivas" (Piaget, 1978, p. 12).

O simbolismo que enfatizamos na psicomotricidade relacional é a representação que a criança traz de sua própria visão de mundo. É por meio do brincar, que ocorre pelo movimento e pelas ações, que a representação da construção inconsciente ganha espaço e forma.

A pesquisa de Llorca e Vega (1998) destaca que, na fase do pré-operatório, a criança dispõe do símbolo como forma de pensamento antecedendo a ação, o que permite à criança o desenvolvimento da linguagem, da imitação, do jogo simbólico etc. Aponta também que, nessa fase, a criança dispõe de pensamento egocêntrico e necessita das relações com outros para autoafirmar-se e permitir o acesso a si.

Os autores, entretanto, enfatizam a atenção que Wallon dispensa à psicomotricidade quanto à **relação com os outros** e estipulam sua abrangência em três tipos de sensibilidade: (1) sensibilidade profunda (exemplo: quando dispara o coração, há indicação de grande envolvimento de sentimento pelo outro); (2) sensibilidade proprioceptiva (exemplo: a postura e a percepção do movimento pela criança) e (3) sensibilidade sensorial. O destaque justifica-se em razão da relação com o tônus muscular de que dispõe o bebê nos primeiros contatos de sua vida. Tais contatos desenvolvem a percepção do mundo por meio do outro. Assim, ressaltamos a importância do cuidado com o bebê, principalmente em sua relação tônica. A construção que se inicia por essa percepção tônico-muscular promove a aquisição e o amadurecimento motor e psicoafetivo da criança.

A psicomotricidade, em sua atividade prática, fortalece o desenvolvimento da relação corporal com o outro, oferecendo a possibilidade do resgate da percepção tônico-muscular e, aos poucos, a construção da própria imagem. O autoconhecimento e a tomada de consciência relativa ao próprio corpo conduzem a uma melhor percepção da utilização e da organização corporal.

A relação corporal ocorre pelo *diálogo tônico*, assim chamado por Ajuriaguerra, ou *acordo tônico*, conforme definido por Aucouturier (Llorca; Vega, 1998). A função tônica que é estabelecida nas relações com outras crianças ou com o psicomotricista traduzem a fala inconsciente da criança e espaçam um ambiente relacional próprio, possibilitando a decodificação de suas demandas internas.

O jogo simbólico é expressado pelo **diálogo tônico**. Crianças que investem na fantasia de que são guerreiras, buscando prender o psicomotricista, e, vencendo-o, desprendem seus corpos com tônus baixo[1], desejando ficar ali, ser contidas, cuidadas e até protegidas, por exemplo, aparentemente, investem na agressividade, mas a utilizam como forma de acesso ao adulto, nesse caso, o psicomotricista, que, inconscientemente, representa uma figura de poder, de ordem ou parental.

A criança que compreende bem seu corpo dispõe-se a representar ou apresentar-se no jogo simbólico pela psicomotricidade. O jogo simbólico é a representação do corpo que fala.

4.2
Expressividade psicomotora

A expressividade psicomotora refere-se às possibilidades de comunicação nas relações com as outras pessoas, os objetos, os espaços, o tempo, o psicomotricista e consigo mesmo. Embora o assunto seja objeto de pesquisa de muitos autores, vamos nos ater aos estudos de Aucouturier (2004) e Lapierre, Llorca e Sánchez (2015) como fonte teórica para esse tema.

- - - - -
1   Usam pouca força.

Nas relações com as outras **pessoas**, quando brinca, a criança expressa, por meio de suas ações, como se comunica e reage. Segundo Aucouturier (2004, p. 136, tradução nossa): "é muito difícil observar a expressividade motriz de uma criança sem atribuir a ela algo de nossos sentimentos ou de nossas intenções [...]"[2]. Entretanto, o psicomotricista deve se manter atento quanto a seus sentimentos e suportar suas demandas pessoais, a fim de não inibir a expressividade da criança nem interferir nela. Sua posição deve ser de disponibilidade, observando à distância ou, a partir do diálogo tônico, identificando a possibilidade de transferência e interferência na expressividade da criança. Essa atenção é importante e pode interferir na decodificação das demandas.

Na relação com os **objetos**, é importante atentar se a criança fixa-se em um tipo de objeto, se acumula muitos objetos, se escolhe determinadas cores, que funções aplicam a esses objetos (se o utilizam para ampliar seus movimentos ou para se proteger) e, ainda, com que frequência investem neles.

Os objetos utilizados na prática psicomotora relacional sugerem a criatividade, pois não apresentam somente uma função. Como exemplo, é possível observar que uma criança pode brincar com a bola como se fosse uma pessoa. A criança pode simplesmente brincar de arremeçar a bola ou a transformar em um bebê que cuida, nutre e protege. Com base no investimento que a criança faz no objeto, compreendem-se eventuais demandas ancoradas de maneira inconsciente. Crianças que buscam apropriar-se de vários objetos,

• • • • •
2 "Es muy difícil observar la expresividad motriz de um niño sin atribuirle algo de nuestros sentimientos o de nuestras intenciones [...]."

acumulando-os, e não executam uma ação com sentido, recolhendo-os por recolher, por exemplo, possivelmente querem chamar a atenção para si, despertar o interesse dos demais, opor-se ao grupo ou ao psicomotricista ou, ainda, afirmar seu poder diante de todos.

Os objetos disponibilizados nas práticas podem oferecer rechaço ou atenção por emitirem som quando chocados contra o chão ou as paredes. O som invade a todos, provoca euforia, e as crianças que o desejam executam movimentos fortes, com vistas a afirmar-se diante do grupo. Já outros objetos podem favorecer a contenção e a proteção ao serem utilizados pelas crianças para excluírem-se do grupo ou protegerem-se. Dessa forma, ampliam a manifestação de demandas regressivas ou afetivas. Podemos constatar, então, que a relação com o objeto oferece indícios da expressividade e possibilita a ampliação da decodificação por parte do psicomotricista.

Assim também ocorre com a relação que a criança estabelece com o **espaço**, outro aspecto relevante relacionado à expressividade psicomotora. O *setting* tem uma dimensão simbólica própria para cada criança. É válido observar como ela chega ao *setting*, qual é seu comportamento nesse momento: se para na porta, demonstrando ansiedade, medo, insegurança, ou se entra e fica a percorrer todo o espaço, correndo sem sentido, como se estivesse fazendo um reconhecimento do lugar. Quando brinca, ocupa todos os espaços da sala? Ou prefere os cantos e as paredes? Esse comportamento pode indicar insegurança com o próprio corpo, timidez excessiva, medo, entre outros sinais ligados à falta de segurança.

A exploração do espaço ou a fixação em determinado local pode revelar muito sobre a segurança da criança. A falta de limites, muitas vezes, pode ser expressa ao sair da sala sem comunicar, transgredindo as regras iniciais.

Merece atenção também o nível em que a criança brinca: no chão, de forma mais regressiva, em pé ou em espaços maiores, mais altos. Os três níveis podem relevar o lugar em que a criança deseja estar: colocando-se como inferior à sua idade, assumindo seu poder, tamanho e possibilidade; ou colocando-se superior a todos, na busca pela onipotência ou por um poder não integrado.

No que diz respeito ao **tempo**, a relação que a criança exerce com ele também expressa características quanto ao limite e ao tempo subjetivo. A duração de 60 minutos, para algumas crianças, não é considerada suficiente. Durante a sessão, existe uma rotina, como já relatamos anteriormente, e o tempo dedicado a cada fase da rotina pode exercer um caráter de aceitação ou rechaço por parte das crianças. Algumas sentem dificuldade em se comunicar na roda inicial ou querem passar logo ao brincar. Outras transgridem o momento do relaxamento, a hora de organizar os materiais ou a roda final pelo desejo de não encerrar a sessão. Quando questionadas, relatam que o tempo foi pouco e que queriam continuar o que estavam fazendo.

Em caso de crianças muito pequenas ou especiais, há um tempo individual e subjetivo. Com crianças pequenas, o término da sessão pode se manifestar pelo cansaço; com crianças especiais, pelo desinteresse. Esse quadro tende a evoluir com o decorrer dos atendimentos.

A relação com o **psicomotricista** tem papel fundamental na prática psicomotora relacional. A criança busca o adulto de diversas formas: chega por trás agarrando ou prendendo o adulto, por exemplo. Possivelmente, a criança que tem esse comportamento não tem coragem de assumir seus atos ou é insegura na relação com o adulto, no entanto, essa ação pode ocorrer pelos mais variados motivos. É possível também haver rechaço, como forma de enfrentamento do poder adulto, ou dificuldade no acesso ao adulto por medo ou vergonha. A criança pode, ainda, explorar a relação com o psicomotricista por meio do olhar, das mãos ou da boca.

Algumas crianças não conseguem assumir o contato visual, mas buscam o corpo do adulto para se sentir seguras, querendo prendê-lo ou ser contidas por ele. Mais uma vez, destacamos que é preciso atenção ao momento em que a criança chega: se é de maneira agressiva, afetiva; se quer formar parceria, ajudar, fazer algo pelo adulto, comandar/manipular o adulto, manter distância durante o brincar, perseguir com o olhar a distância; se demonstra necessidade da aprovação do adulto no que se refere às suas ações; se depende das ações do adulto para brincar ou nem o vê na sessão.

Na relação **consigo mesma**, a criança pode expressar dificuldade em controlar o próprio corpo, suas ações e reações às ações dos outros. Além disso, essa relação pode demonstrar dificuldades nas atitudes motoras de equilíbrio, na coordenação motora geral, no controle da postura, na coordenação ao lançar algo, na organização corporal harmônica. O psicomotricista relacional também deve estar atento aos embaraços relacionados à autonomia, ao tônus, ao envolvimento corporal, ao relaxamento, ao desenvolvimento de atividades e ao investimento em papéis variados (por exemplo, quando em um momento é um cachorrinho e, em outro, é a dona do cachorrinho). A comunicação pode variar em gestos, sons e linguagem. Há crianças que, durante o brincar, querem contar suas histórias sem estar inseridas no jogo simbólico que se instala no brincar. Exercem, assim, uma forma de comunicação manipuladora, buscando distanciar o adulto das relações estabelecidas naquele momento. Esse é um tipo de linguagem, mas também existem comunicações por meio de somente sons sem sentido, de palavras sem lógica ou mesmo de imitação das palavras que ouve, mas que não têm sentido no universo simbólico vivenciado.

A expressividade psicomotora está em todas essas formas de relação, cabendo ao psicomotricista compreender, aceitar e perceber as diferentes nuances que a criança expõe em seu brincar.

4.3
Decodificação do brincar simbólico

A decodificação é a interpretação recolhida pelo psicomotricista sobre os indícios apresentados no brincar, nas relações e nas ações que a criança apresenta, sobretudo quando há o envolvimento corporal.

A partir da relação corporal/tônica que a criança aplica no jogo simbólico, as demandas vão sendo interpretadas, compreendidas e identificadas pelo profissional. Essa decodificação acontece em meio a um processo contínuo e não findado, que possibilita analisar os indícios apresentados no *setting* e outras informações coletadas externamente sobre a criança, seja em atendimentos multifuncionais, seja na escola ou na vida social e familiar.

É relevante destacar, neste ponto, que, muitas vezes, o psicomotricista investe na relação com a criança antes de se aprofundar nas informações vindas dos ambientes externos ao *setting*, a fim de criar sua base de indícios para a decodificação. Por isso, alguns profissionais solicitam um tempo com a criança para senti-la, acolhê-la, observá-la e, só depois, acessar informações dos responsáveis. É uma maneira de não se contaminar com opiniões, laudos e demais "pré-conceitos" criados sobre a criança em atendimento, investindo em uma percepção pura, concreta e sensível de escuta para o que corpo dela diz, suas ações revelam e suas sensações apontam.

A base psicanalítica é acolhida pela psicomotricidade relacional com o intuito de atender a esses indícios passíveis de interpretação e com potencialidade de decodificação. Por isso, cada detalhe é observado e, se possível, vivenciado entre a criança e o psicomotricista. O profissional aplica conhecimentos ligados, por exemplo, à interpretação do desenho, analisando o interesse da criança em registrar o que vivencia, as cores que usa, o espaço utilizado da folha, a firmeza que infere nos traços, o que desenha (se tem a ver com o vivenciado ou com algo externo) e o modo como faz referência à figura humana, a si mesma ou a alguém em especial.

Jogo simbólico e espontaneidade

No brincar, o profissional observa também a opção dos materiais, a escolha das parcerias, ou a não escolha, os conteúdos que se apresentam e mais persistem, a dinâmica no *setting*, a relação que o indivíduo estabelece com o próprio corpo ou o corpo do outro, entre outros aspectos que são notados pelo olhar, pelo tônus e pelas sensações.

Os momentos simbólicos durante o brincar apontam sinais que podem ser decodificados, não pela ação isolada, mas levando em consideração o que despertou a ação, como ocorreu a ação e as demandas que a criança vem apresentando repetidamente. Nesse sentido, trazemos alguns exemplos para ilustrar ações do brincar simbólico e possibilidades interpretativas, salientando que se trata apenas de **possibilidades**.

- Ao brincar com bolas, a criança investe em projetá-las contra o corpo do psicomotricista, chamando a atenção para essa ação: isso aponta o desejo da criança de estabelecer uma relação com o adulto, que pode ser expresso de forma agressiva caso execute o movimento com tônus alto.
- A criança amarra o psicomotricista com a corda e executa comandos: nessa ação, fica evidente que a criança deseja assumir o controle sobre o adulto. A forma como ela conduz esses comandos, de maneira afetiva ou ríspida, permite interpretar as evidências: se deseja assumir uma relação de afetividade e controle, ligada à sensação de proteção e segurança; ou se quer uma relação de poder/autoritarismo e controle ao buscar afirmar-se de forma autoritária, embutindo a agressividade. Ambas as formas indicam o desejo da criança de assumir o controle, de

dominar e domesticar o adulto, de ser reconhecida por seu poder.

- A criança busca um tecido para se fantasiar da mesma cor ou escolhe um mesmo formato de fantasia do psicomotricista: em uma sessão com tecidos, as crianças podem buscar escolhas muito próximas às escolhas do psicomotricista, o que sugere a identificação ou a procura por ele. A identificação é importante por colaborar em sua constituição como um sujeito.

- Em uma sessão em que são disponibilizados vários materiais, a criança recolhe uma porção de cada tipo (cordas, bolas, tecidos, bambolês e tijolos) e amontoa-os em um canto da sala: essa atitude demonstra a necessidade de chamar a atenção para si e a falta de estrutura da organização corporal. A criança não consegue projetar sua construção, pega o material por pegar sem algum motivo aparente de construção e não propõe nada, fica à espera do outro. Esses casos, geralmente, revelam crianças inseguras e desorganizadas, que apresentam dificuldade na capacidade de abstração e sempre precisam de uma parceria. É fundamental desenvolver a autonomia com essas crianças, torná-las confiantes em suas capacidades – algumas vezes, é possível promover modelos que as ajudem nessa organização.

- Quando as crianças estão realizando construções e faltam materiais, isso acaba gerando conflitos e disputas: se a disputa é sadia e as crianças demonstram prazer no que fazem, o psicomotricista deve ficar atento e por perto, mas não intervir sem ser solicitado. Contudo, se as crianças apresentam dificuldade em lidar com a situação, devem ser estimuladas a resolver de alguma forma, seja unindo as construções ou dividindo, de maneira justa, os materiais de que dispõem. O psicomotricista não resolve o conflito pela criança, mas a instiga a resolver, envolve-se no conflito, se necessário, para que haja tomada de consciência por parte da criança, levando-a a refletir sobre a melhor forma de resolver suas dificuldades e frustrações.

Os exemplos apresentados ilustram algumas passagens ocorridas no jogo simbólico. No entanto, a decodificação do brincar não se fecha somente no ato em si, mas com todas as atitudes anteriores e posteriores que ocorrem no *setting*, considerando também as intenções externas. As ações anteriores são fundamentais para o entendimento de um ato, daí a importância da amplitude do olhar e da escuta do profissional para perceber essas nuances – como a criança que cria uma situação para se vitimar e, em seguida, investe em atitudes mais ou menos planejadas para conseguir a atenção ou a vitória em uma situação. A disponibilidade do psicomotricista repercute imensamente na possibilidade de compreender o que é dito pelo corpo, pelas ações e pelas sensações.

4.4
Brincar espontâneo

Na escola, em muitos momentos, os adultos dizem à criança o que ela deve ou não fazer ao brincar. Essas instruções, muitas vezes, restringem a criação da autonomia e da independência de criar ou de se soltar aos impulsos corporais.

O brincar espontâneo dá às crianças e aos adultos a possibilidade de ousar, criar, expandir suas intenções conscientes e inconscientes. Para a criança que não está contaminada pela dependência de orientações, esse é um fator de liberdade e prazer. Os adultos que experimentam essa possibilidade em sua formação pessoal, muitas vezes, sentem dificuldade e desmotivação, deparam-se com o medo, a frustração e a ansiedade em errar.

O universo do adulto, em sua maioria, está amparado pelo "siga o modelo", tornando mais fácil o cumprimento de suas ações. A quebra desse paradigma requer disponibilidade pessoal, desejo de mudar, investimento na persistência e resiliência para os enfrentamentos. O resultado é a liberdade de criar, a ampliação das habilidades e o desenvolvimento integral na ressignificação da compreensão do outro.

> O brincar que se inventa, que emerge das profundezas do inconsciente, expande a comunicação do indivíduo e sugere possibilidades de superação. A criança que dispõe de um espaço para o brincar espontâneo não perde sua autenticidade natural, aquela da criança pequena que explora e reage assegurada da inocência. O brincar regado de espontaneidade torna o jogo simbólico ativo e criativo, desculpabiliza as relações e as amplia, além de percorrer as habilidades potencializando no indivíduo controle e resiliência.

A experiência com crianças em idade escolar demonstra que, entre 5 e 6 anos, quando não estimuladas anteriormente, as crianças já se apresentam dependentes de orientações. Ao ter acesso aos materiais, perguntam o que devem fazer ou como devem brincar. Essa é uma questão séria, pois revela que a escola precisa refletir sobre como tem tratado os interesses infantis. As crianças estão presas a cumprir protocolos e aspirar a resultados a partir das repetições a elas fornecidas?

O brincar espontâneo colabora para a formação da consciência do eu. Essa **consciência individual**, pessoal, de construção interna, segundo Fonseca (2010, p. 15): "brota da sua adaptação interna e externa, por meio das informações vindas do seu próprio organismo e oriundas do meio envolvente, que os seus órgãos dos sentidos colocam no seu sistema nervoso".

Os objetos, o espaço, a liberdade de se movimentar, de sentir, de explorar são indispensáveis para o desenvolvimento da criança, principalmente de sua motricidade. Fonseca (2008) ressalta a qualidade dos estímulos e do espaço disponibilizado às crianças, afirmando que a falta dessas condições podem levar ao desenvolvimento menos harmonioso.

> Pode-se verificar, portanto, que os problemas de atraso motor dependem, em grande escala, da cultura e da competência dos adultos, que, por exemplo, insistem em esquecer as necessidades de espaço e de movimento, que são essenciais para o desenvolvimento global da criança. (Fonseca, 2008, p. 498)

A restrição ou o controle excessivo dos movimentos da criança limitam seu brincar, sua criatividade e sua autenticidade. A prática psicomotora relacional enfatiza a espontaneidade do brincar, valorizando as possibilidades de movimento que a criança traz para a sessão, ajudando-a a ampliá-las a partir de seus desejos e interesses. A valorização da espontaneidade da criança amplia a relação vincular e também a autoestima, pois ela se sente aceita, ouvida e acolhida.

4.5
Criatividade e espontaneidade

A criatividade tem lugar de destaque na prática psicomotora relacional. O investimento que a criança realiza no jogo simbólico faz da capacidade criativa o centro de todo trabalho.

A pesquisa realizada por Branco (2016) sobre a obra de João dos Santos (1913 - 1987) revela, em seus resultados, a importância da criatividade no confronto entre João dos Santos e Donald Woods Winnicott (1896 - 1971), psiquiatras e psicanalistas. Sobre a origem da criatividade, Branco (2016, p. 136) esclarece:

> A criatividade, não só do adulto mas sobretudo a da criança, expressa-se num modo de ser, conhecer e fazer único e original, como único e original é cada um de nós. Cobra assim sentido a recorrente chamada de atenção santiana para que os educadores e os professores não esqueçam que a criança, quando chega à escola, já adquiriu, no essencial, as aptidões que caracterizam o ser humano, sendo necessário aprenderem com ela o que ela já sabe, antes de lhe ensinarem seja o que for, para que o ensino não resulte em adestramento, violência e bloqueio da sua capacidade e gosto naturais em descobrir coisas com sentido.

Jogo simbólico e espontaneidade 139

A atenção que ambos os psicanalistas dão ao início da vida ilustra a capacidade da criança de ser criativa. Também apontam o perigo de o ambiente em que está inserida – composto de pessoas que influenciam no desenvolvimento infantil – influenciar de maneira negativa a evolução dessa criatividade. Nesse sentido, salientamos a relevância da prática psicomotora relacional na escola, que potencializa esse espaço de criar por meio do jogo simbólico ou das descobertas sensoriais das crianças menores.

A elaboração individual de cada criança, na relação que estabelece com o grupo, portanto, é respeitada de acordo com seus limites, suas dificuldades, suas facilidades, seu próprio ser e existir motor e relacional no grupo. Para João dos Santos (citado por Branco, 2016, p. 324), a psicomotricidade é um espaço de construção e fortalecimento:

> É fundamento triangular da situação afectiva básica do bebé que permite uma vida interior, e que constitui o novo capital energético que, primitivamente apenas impulsivo, se tornou impulsivo-afectivo e relacional. A partir de então, a psicomotricidade passa a agir de acordo com o aperfeiçoamento de movimentação e gesticulação, e com o uso da palavra. Com este esteio e esboço estrutural, e com este espaço organizado, vai desenvolver-se a fantasia, a vida fantasmática, e vai desenvolver-se também aquilo a que chamamos as "bases matemáticas do desenvolvimento".

A psicomotricidade relacional compreende a relevância do desenvolvimento sensorial para a integração sensorial, definida pela Dra. Ayres (citada por Serrano, 2016, p. 32), como "o processo neurológico que organiza a sensação do próprio corpo e do ambiente, e torna possível usar o corpo eficientemente no meio". Na prática, é o envolvimento em plena liberdade de brincar espontaneamente, elaborando as próprias construções, expondo seus desejos, ampliando suas possibilidades motoras e explorando as sensações em todas as capacidades perceptivas no campo visual, cinestésico, auditivo, tátil, olfativo e gustativo.

Todas as percepções ancoradas na capacidade criativa e espontânea ampliam as capacidades da criança, potencializando uma estimulação mais concisa e estruturada para o fortalecimento global do desenvolvimento.

Síntese

Neste capítulo, abordamos o jogo simbólico e a espontaneidade como base da prática psicomotora relacional. Inicialmente, definimos a construção simbólica da criança como potencialidade para o processo de desenvolvimento cognitivo, desde suas primeiras manifestações até as grandes construções. Observamos também que o brincar que facilita o jogo simbólico contribui positivamente no desenvolvimento global da criança. Nessa perspectiva, a falta de elaborações simbólicas pode sugerir dificuldades no desenvolvimento e merece atenção dos responsáveis.

Destacamos os estudos de Piaget (1978) sobre a relevância da construção simbólica e do respeito às fases da criança. A visão de mundo da criança está diretamente relacionada às suas ações simbólicas. Assim, o interesse por personagens ou pelos papéis que assumem podem revelar seus desejos ou suas incapacidades.

O corpo é presente em todas as possibilidades simbólicas e também comunica. Constatamos que a relação estabelecida com o corpo, traduzida pelo diálogo tônico, revela a veracidade das ações simbólicas, proporcionando aos envolvidos um detalhamento de suas demandas mais internas. Esse detalhamento está, também, vinculado à expressividade psicomotora que expressa conteúdos inconscientes, atrelando suas demandas ao brincar, agir, sentir e criar.

A expressividade está vinculada à relação da criança com os objetos, o espaço, o tempo, o psicomotricista, consigo mesma e com as outras crianças. É relevante observar e sentir cada relação estabelecida – corporal, sensorial, simbólica, motora, afetiva, agressiva, de rechaço, frustração etc.

A expressividade está diretamente ligada à comunicação inconsciente da criança com o meio e revela seu real interesse ou demanda.

A interpretação dessas ações e das formas em que se apresentam denomina-se *decodificação*. Por meio dela, o psicomotricista define sua intervenção junto à criança, a qual pode ocorrer imediatamente ou posteriormente, como um planejamento do próximo encontro. Para decodificar, o psicomotricista precisa estar atento às suas próprias limitações, aos seus desejos e às transferências com a criança, devendo ater-se à repetição das ações e escolhas e às influências do meio para chegar a conclusões e intervir.

Também verificamos que, para que toda expressão seja autêntica por parte da criança, é fundamental investir no brincar espontâneo, capaz de permitir e aflorar a criatividade. A prática psicomotora relacional propicia esse espaço de liberdade, do brincar espontâneo, valorizando o jogo simbólico e as explorações sensoriais, bem como potencializando a criatividade e o desenvolvimento global da criança.

Atividades de autoavaliação

1. Segundo Barbosa e Sousa (2010, p. 31): "o desenvolvimento das elaborações simbólicas na evolução humana é fundamental para compreendermos o desenvolvimento do sujeito cognoscente que, quando nasce, precisa conhecer o mundo concreto para representá-lo por meio de símbolos". Assinale a alternativa que melhor identifica a construção simbólica da criança:
   a) A criança precisa ser treinada para elaborar suas ações simbólicas.
   b) As elaborações simbólicas são constituídas somente a partir da inteligência da criança, portanto, crianças com inteligência inferior não fazem elaborações simbólicas.
   c) A construção simbólica é um processo pelo qual todas as crianças passam da mesma forma e no mesmo tempo de vida.
   d) Por meio do simbolismo, as crianças exercitam o que aprendem com o mundo à sua volta.
   e) A construção simbólica ocorre pela repetição de ideias para a criança.

2. A relação corporal concretiza-se pelo *diálogo tônico*, assim chamado por Ajuriaguerra, ou *acordo tônico*, conforme definido por Aucouturier (Llorca; Vega, 1998). Analise as afirmativas a seguir e marque V para as verdadeiras e F para as falsas.

( ) O diálogo tônico é expresso no jogo simbólico.
( ) O diálogo tônico expressa a fala inconsciente da criança.
( ) O psicomotricista utiliza o diálogo tônico como um dos principais elementos de decodificação.
( ) A criança pode manipular seu diálogo tônico.

Agora, assinale a alternativa que apresenta a sequência correta:

a) F, F, V, F.
b) V, V, V, F.
c) V, F, V, V.
d) F, F, V, V.
e) V, V, F, F.

3. A partir da expressividade psicomotora é possível decodificar a fala interna da criança, por meio das relações com as outras pessoas, os objetos, o tempo e consigo mesma. A decodificação ocorre pela percepção que o psicomotricista tem das relações diversas durante o brincar. Assinale a afirmativa que **não** apresenta relevância para a percepção do psicomotricista sobre o brincar da criança:
a) Criança muito tímida na sala de aula.
b) Percepção sobre como a criança investe no espaço.
c) Manejo e escolha dos materiais.
d) Criança que não quer finalizar a atividade.
e) Atitudes empreendidas durante a relação com outra pessoa.

4. Com base na relação corporal/tônica que a criança aplica no jogo simbólico, as demandas vão sendo interpretadas, compreendidas e identificadas pelo psicomotricista. Sobre a identificação do conceito de *decodificação* na psicomotricidade relacional, analise as afirmativas a seguir.

I) A decodificação não se restringe a uma ação isolada.
II) As ações e reações das crianças aos objetos que escolhem e ao tônus empregado fornecem indícios relevantes para a decodificação.
III) A decodificação está relacionada à atitude do psicomotricista como reação a uma ação da criança.
IV) A decodificação é a forma como sente, percebe e entende a criança.

Agora, assinale a alternativa que apresenta apenas os itens corretos:

a) I e II.
b) I, II e IV.
c) I, II e III.
d) I, II, III e IV.
e) I, III e IV.

5. A escola deve promover um espaço de expressão e autonomia, estimulando a criatividade e sua expressividade. Assinale a alternativa que melhor define o parágrafo anterior:

a) Cada um deve fazer o que deseja na escola.
b) A criança deve ter um espaço onde obedeça a todas as orientações de seu professor, fazendo o que ele quer sem expressar seu próprio desejo.

c) A escola é um espaço de liberdade motora.
d) A criança deve ter um espaço de liberdade para brincar e criar, e os profissionais da escola devem ficar atentos ao enrijecimento das ações das crianças.
e) O brincar da criança deve ser sempre direcionado pelo adulto.

Atividades de aprendizagem

Questões para reflexão

1. É por meio da construção simbólica que a criança desenvolve suas habilidades sociais, relacionais e cognitivas. O conteudismo que preocupa a escola, muitas vezes, deixa de lado o simbolismo da criança. Investir na construção simbólica é despertar para a criatividade e o desenvolvimento das relações. Reflita sobre esse aspecto na escola e descreva uma ação possível de ser realizada nesse espaço para despertar a construção simbólica.

2. Assista ao vídeo a seguir e reflita sobre a relação com o conteúdo deste capítulo.

APRENDENDO a aprender. 2005. Disponível em: <https://www.youtube.com/watch?v=jhRMFHbtTDY>. Acesso em: 4 abr. 2019.

3. Faça a leitura do artigo proposto a seguir e reflita sobre o papel do pensamento mágico e sobre quanto ele pode interferir na realização das ações e significações.

LINDENMEYER, C.; CECCARELLI, P. R. O pensamento mágico na constituição do psiquismo. **Reverso**, Belo Horizonte, v. 34, n. 63, jun. 2012. Disponível em:

<http://pepsic.bvsalud.org/scielo.php?script=sci_arttext&pid=S0102-73952012000200005>. Acesso em: 12 mar. 2019.

Atividades aplicadas: prática

1. Observe três crianças entre 3 e 7 anos enquanto brincam espontaneamente, atentando à expressividade que utilizam ao brincar, se está de acordo com suas ações e seus sentimentos. Elabore um registro daquilo que observou, contextualizando com o conteúdo deste capítulo.

2. Faça uma pesquisa com, no mínimo, 15 crianças entre 1 e 2 anos. Descreva as atitudes simbólicas que demonstram, registrando quando agem por imitação (vê outra pessoa fazendo e executa a mesma ação) ou espontaneamente (cria algo simbólico no brincar). Escreva sobre suas conclusões, comparando a idade e as possibilidades simbólicas das crianças.

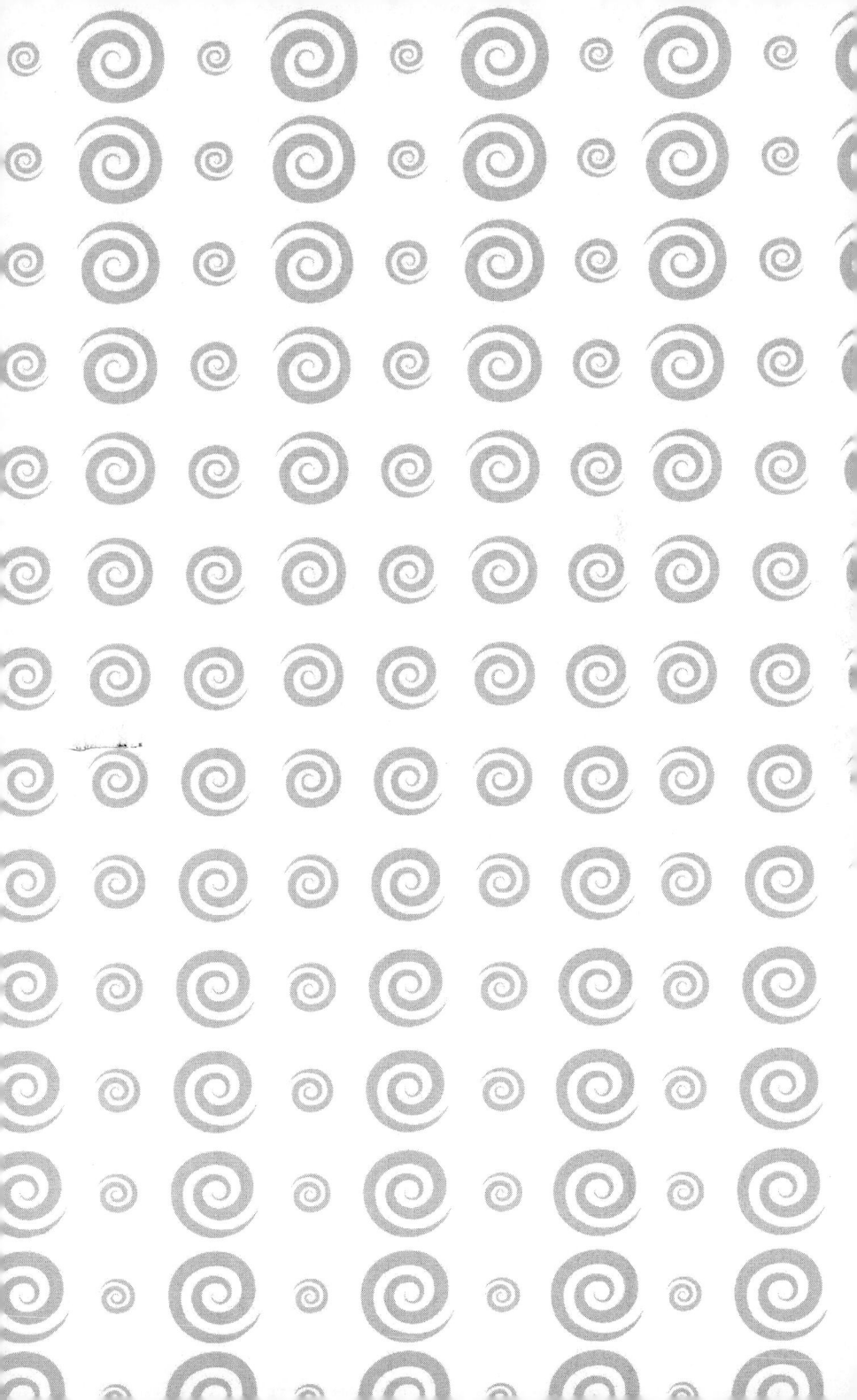

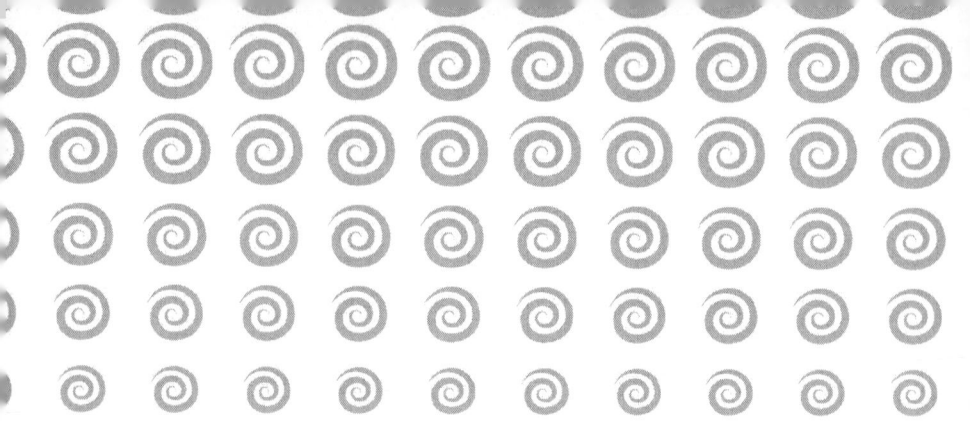

5
Avaliação e intervenção psicomotora

Neste capítulo, abordaremos o processo de avaliação e intervenção psicomotora. Também construiremos uma reflexão sobre alguns modelos avaliativos e eventuais intervenções durante as vivências.

5.1
Escuta no brincar

A escuta é o momento de o psicomotricista silenciar-se para ampliar a percepção sobre as ações e reações da criança. É a ferramenta que possibilita ao profissional investir na decodificação e, consequentemente, realizar as intervenções necessárias. A escuta é ampla e precisa estar livre das relações transferenciais.

Para desenvolver a escuta, o profissional necessita, primeiramente, compreender a si mesmo, entender seu corpo, suas ações e reações, pois somente assim poderá compreender o outro. Muitas histórias são registradas em nosso corpo, e isso forma a individualidade do profissional. Entretanto, é essencial atentar para não inibir a capacidade de escuta com a possibilidade de influência pessoal naquilo que é da criança. Na lida com a criança, precisa compreender seus próprios limites, reconhecê-los, controlá-los, ajustá-los.

Para promover a escuta, é necessário disponibilizar-se, ou seja, colocar seu corpo, seu proceder e suas reações em função do outro. A disponibilidade do corpo promove a escuta/percepção daquilo que é sentido, falado, visto e percebido. É obtida por meio de treino, conhecimento e desenvolvimento pessoal. O corpo torna-se acessível, mas não preso, possibilitando a aceitação incondicional do outro em sua inteireza e plenitude. Para o adulto, é necessário o investimento pessoal, contínuo e aprofundado em suas próprias questões, as quais devem ser tratadas de maneira especial e cuidadosa.

Quando o psicomotricista investe no brincar de luta com bastões, mas a criança apresenta um tônus baixo, deixando o bastão cair várias vezes, por exemplo, é a escuta sobre esse brincar, por meio do tônus, da expressão, do olhar, das ações, das reações, que o leva a compreender o pedido da criança. Algumas crianças chegam ao psicomotricista por meio de um brincar opositor, mas revelam um conteúdo latente ligado à afetividade e à contenção.

Portanto, a sensibilidade e a escuta livre de interferências são fundamentais para as ações do psicomotricista. Como André Lapierre (1923 - 2008) destaca, é preciso "fazer silêncio em si" (Lapierre; Aucouturier, 2004) para abrir as possibilidades junto ao outro, na compreensão dos conteúdos latentes.

A escuta é indispensável para o psicomotricista, mas o investimento para apropriação dessa ferramenta acontece de forma pessoal. Portanto, o psicomotricista deve investir em sua formação pessoal para articular os caminhos necessários para alcançar o autoconhecimento e a autorregulação de suas próprias questões e de seus conteúdos.

O brincar é carregado de conteúdos. Os que se expressam ligeiramente de maneira simbólica são os **conteúdos manifestos**. Uma criança que busca um bastão e o faz de espada para lutar, por exemplo, está expressando sua agressividade por meio do brincar simbólico. Por sua vez, os **conteúdos latentes** são as projeções apresentadas de forma inconsciente e carregadas de significados não aparentes, realizadas por meio do brincar. Uma criança que busca o bastão para brincar de luta com o psicomotricista, por exemplo, indica que deseja aproximar-se do adulto, ser reconhecida por seu poder.

O conteúdo latente, para ser decodificado, demanda boa escuta por parte do psicomotricista. É importante observar as características mais relevantes, persistentes e recorrentes para obter uma boa visão da dimensão da criança. A escuta no brincar deve promover a decodificação. O adulto deve se colocar em disponibilidade corporal, dar atenção, ter sensibilidade nas transferências e contratransferências inconscientes e atrelar a visão de globalidade do indivíduo.

5.2
Inventário de observação para avaliação

No Brasil, utilizam-se testes de desenvolvimento infantil para compreender as capacidades da criança, embora alguns tenham restrições de uso ou sejam incompletos e necessitem de apoio de outros testes. Alguns tipos de avaliação são utilizados pelos psicomotricistas relacionais. Vamos apontar alguns deles e descrever os mais adotados.

A Escala de Desenvolvimento Motor (EDM), do professor Francisco Rosa Neto, caracteriza uma junção de testes de diversos pesquisadores, como: Ozeretski, revisado por Guilmain; Brunet e Lezine; Zazzo e colaboradores; Mira Stambak; Harris; Galifret-Granjon; Berges-Lezine; Piaget e Head; e as provas II, VII e XI do Harris Tests of Lateral Dominance. O objetivo da EDM é avaliar a idade motora em que a criança se encontra por meio de testes que se dividem conforme a idade cronológica da criança (Rosa Neto, 2011).

Fonseca (1989), por sua vez, desenvolveu uma escala baseada na idade cronológica para compreender se a criança é capaz de realizar certos movimentos. Denominada *bateria psicomotora* (BPM), trata-se de um longo percurso minucioso de movimentos, que são marcados em fichas para posterior análise do psicomotricista.

Nuria Frank, apoderada dos mecanismos da prática psicomotora relacional, desenvolveu as categorias de observação do brincar (Batista; Guerra; Vieira, 2012). Essa avaliação ocorre por meio da observação da conduta das crianças. As categorias definidas por Frank abrangem as seguintes relações:

- interpessoal com o adulto e outras crianças;
- com os objetos;
- com o espaço;
- consigo mesmo, com a frustração, a culpa, a afirmação, a permanência.

Trata-se de uma boa referência utilizada na psicomotricidade relacional, embora Sánchez Rodriguez e Llorca Llinares (2008) ampliem a avaliação, destacando parâmetros e categorias e classificando em três tipos de frequência (sempre, em ocasiões e nunca) os seguintes itens:

- Relação com o objeto: qualidade do objeto elegido; formas de utilização do objeto; significado do objeto.
- Relação com o espaço: localização no espaço; uso do espaço.

- Relação com o tempo: início da sessão; durante a sessão; ao final da sessão.
- Relação com o adulto: modalidade de exploração; modalidade de relação; tipo de resposta; motivo de busca.
- Relação consigo mesmo: competência corporal; deslocamento; expressividade corporal; cuidado de si mesmo.
- Comunicação: indícios, gestos, vocalização, linguagem; compreensão. (Sánchez Rodriguez; Llorca Llinares, 2008, p. 86-89)

Essa avaliação apresenta-se de maneira global e é respondida com base no brincar, diferentemente de outras nas quais o profissional solicita à criança que realize os movimentos. Essas solicitações e obrigações de realizar o que se pede, de certo modo, engessam as ações das crianças e não correspondem à linha de pensamento da psicomotricidade relacional.

Uma avaliação fundamentada no brincar espontâneo e simbólico da criança compõe percepções e inovações mais relevantes e descreve com maior segurança a realidade da criança.

5.3
Progressão no brincar

Segundo Lapierre (2002), criador do método, as crianças, assim como os adultos, passam por fases e progressões no brincar durante as vivências psicomotoras relacionais. O foco são as crianças, pois o brincar com o adulto, no campo terapêutico, demanda outros elementos[1].

Existe uma ordem descrita pelo autor, mas algumas crianças, por questões pessoais, podem retroceder em alguma delas. Isso não é necessariamente ruim, apenas indica que a demanda do momento requer que se retome algo. O esperado é que a criança consiga superar cada fase e ampliar suas capacidades. O psicomotricista relacional deve ter em mente que esses casos não devem ser tratados como retrocesso, mas considerados em sua demanda, pois demonstram que algo ainda necessita ser desenvolvido ou superado pela criança. A seguir, exploraremos a ordem de progressão, já abordada no Capítulo 1, mas, agora, com mais detalhamento.

A primeira fase é a da **inibição**, quando a criança tem dificuldade de participar do brincar em grupo ou mesmo de brincar individualmente. Algumas recusam-se a tirar os sapatos ou choram ao entrar na sala. Isso pode caracterizar uma situação de adaptação ao espaço e ao profissional; entretanto, é um momento em que algo a prende, tanto no campo criativo quanto no corporal. Exemplo disso é quando a criança fica sentada no tapete de costas para a parede, apoiando as mãos nesta e projetando o corpo mais à frente.

Para Lapierre e Lapierre (2010, p. 66),

> Nas primeiras sessões, de modo geral, predomina a inibição. Postas em uma situação a que não estão habituadas, diante de adultos que não impõem nada, não propõem nenhuma atividade, e colocam o corpo ao alcance delas, no chão, as

─────
1 O trabalho terapêutico com adultos denomina-se *análise corporal da relação (ACR)* e exige uma formação específica.

crianças ficam de início confusas [sic]. Conservam uma distância prudente do corpo do adulto, a única comunicação é a do olhar. Esse momento de expectativa dura muito pouco tempo para algumas, mas para outras pode prolongar-se durante várias sessões.

A segunda fase é a da **agressividade**, um tema muito discutido em clínicas e em escolas. Muitas vezes, ela é mal interpretada e acaba sendo castrada por adultos que se dizem "entendidos".

Vale ressaltar que agressividade é diferente de violência. Todos nós precisamos ter agressividade, caso contrário, ficaríamos presos a uma cama, sem coragem ou ânimo para enfrentar os desafios da vida. Ela tem papel fundamental na formação, pois autoriza a criança a ousar e a expor seus desejos. No início, a criança acostumada a todos os tabus impostos pela sociedade acaba encontrado um espaço de liberdade e, não sabendo como controlar-se, coloca sua agressividade de maneira não lapidada, como quando utiliza tônus elevado no brincar. Em outras oportunidades, coloca-se de maneira prazerosa na agressividade, mas não consegue lidar com a agressividade do outro.

Aos poucos, algumas crianças vão compreendendo o tônus adequado a ser utilizado no brincar; outras vão percebendo que é possível brincar com a agressividade, deixando de lado o medo e conseguindo encaixar esse elemento no brincar.

Com papel de extrema relevância, a agressividade permite à criança um estado de liberdade; ela encontra o prazer contido nesse conteúdo tão proibido e cheio de tabus que a sociedade impõe. Brincar com a agressividade fortalece a autoestima da criança, enquadra seu poder, afasta os sentimentos de impotência e dá a ela a confiança necessária para assumir seus desejos.

A terceira fase é a da **domesticação**: a partir do momento em que a criança assume sua agressividade, ela precisa assumir seu poder diante do adulto. Nessa ocasião, ela busca o adulto para comandá-lo. Um exemplo dessa fase é quando a criança prende o adulto e investe para que ele faça o que ela ordene.

Nessa fase, a criança é reconhecida por seu poder, e as reações do adulto variam de acordo com as necessidades de cada criança – no exemplo do cachorrinho dado anteriormente, o psicomotricista pode obedecer ou desobedecer seu dono. Essa reação já é considerada uma intervenção e vai depender do que a criança necessita: afirmar seu poder ou conectar-se com alguém como ela, transgressor.

É fundamental experienciar essa fase; algumas crianças vivenciam-na com outras e demoram para assumir a relação com o adulto. Cada criança tem sua individualidade e, portanto, seu tempo. É importante respeitar a fase da criança e não induzir o brincar. Só assim ela será capaz de integrar o que está vivenciando.

O interesse da criança manifesta-se a partir de suas necessidades e capacidades emocionais, ou seja, uma criança que está na fase da inibição jamais assumirá a domesticação com um adulto. É necessário superar cada fase para atingir a capacidade emocional. Algumas demandas aparecem nas relações estabelecidas no decorrer das vivências.

A escuta e decodificação do psicomotricista dependem também da fase em que a criança se encontra. A domesticação, para Lapierre e Lapierre (2010, p. 72), é "uma etapa para a conquista da identidade. A criança inverte os papéis, não os suprime; pelo contrário, ela os fortalece".

A quarta fase é a da **fusionalidade** ou **regressão**. Nela, a criança se entrega a uma relação fusional, uma entrega corporal completa na relação com outro. É quando permanece por um tempo como bebê, mantém-se contida, deixa seu corpo com tônus baixo, regride a um estado de necessidade de maior contenção. Há crianças que buscam o colo para serem contidas, cuidadas, acariciadas e permanecem ali por bastante tempo.

Essa fase, algumas vezes, é vivenciada de maneira muito subjetiva pela criança, algumas nem chegam a vivenciá-la. Tudo depende das demandas de cada uma. Há também crianças que acabam cedendo por imitação às outras. Para o psicomotricista, isso fica claro por meio da observação do tônus que a criança apresenta nesse momento. A criança que vivencia essa fase e precisa dela entra em uma relação de grande entrega, não se importando com o que acontece naquele momento no *setting*; as crianças que estão envolvidas por imitação deixam essa relação para buscar novos desafios assim que algo de maior interesse aparece. É importante que o adulto tenha sensibilidade no acolhimento, pois a situação pode gerar ciúmes em outras crianças que não estão envolvidas na relação, ocasionando provocações. Nesses momentos, o psicomotricista não deve investir nas provocações, mas continuar contendo e limitando o espaço se necessário.

Quando a criança faz esse pedido de contenção, o psicomotricista deve levá-la para o tapete, que, por seu valor simbólico, limita as ações que podem ser vivenciadas sobre ele. Isso colabora imensamente caso outra criança tente encerrar a relação, mesmo que por ciúmes. No tapete não se brinca de disputas, ali é um lugar de tranquilidade – esse já é um limite simbólico, mas é possível que o profissional sinalize para a criança que ali não responde às brincadeiras de disputa ou mais agressivas. Assim, a proteção à criança que está sendo contida se fortalece e reforça o sentimento de proteção e confiança.

Algumas crianças iniciam as sessões por essa fase, buscando um colo, um carinho e ali permanecem entregues na relação, mesmo sem terem vivenciado as fases anteriores. Isso acontece, principalmente, com as crianças pequenas.

A fase fusional, segundo Lapierre e Lapierre (2010, p. 72), para algumas crianças, "são apenas momentos de ternura, de segurança, de refúgio, afetivo; para outras, cujas necessidades são maiores, uma verdadeira regressão fusional, cuja profundidade é por vezes impressionante".

A quinta fase é a da **agressividade simbólica** de forma controlada, em que a criança investe prazerosamente com o jogo simbólico. É muito divertida e extravasadora. As crianças passam um tempo se organizando, fazendo fantasias e adereços para viver a agressividade. Disputas e competições aparecem, mas, nesse momento, de maneira mais organizada e simbólica. As crianças já sabem que é prazeroso brincar com o outro e precisam autorregular-se para que o envolvimento seja sadio.

Nessa fase, as crianças influenciam umas às outras, fazem combinados e utilizam-se como opositoras no simbolismo. Há certa construção no brincar, para favorecer o jogo simbólico, mas as relações tornam-se fundamentais e elas já percebem isso. Uma criança que consegue brincar com a agressividade simbólica, dificilmente descontrola seu tônus, salvo em questões especiais, como desequilíbrio químico ou algo que esteja ocorrendo em seu ambiente social. Nesse caso, quando há desequilíbrio, a criança apresenta um comportamento diferente, menos tolerante e, na maioria das vezes, após um momento de desequilíbrio, busca o psicomotricista de maneira mais regressiva, aceitando ser contido para superar aquele momento.

Algumas crianças, por exemplo as diagnosticadas com TOD (transtorno opositor desafiador), tendem a rejeitar o psicomotricista e a buscar um lugar próximo às paredes quando se desequilibram. Nesse caso, é importante avaliar se é necessário buscar uma relação com a criança ou deixá-la acalmar-se. Quando a criança com TOD consegue acessar a agressividade simbólica, isso é considerado um grande avanço e deve ser muito bem validado pelo psicomotricista.

Para Lapierre e Lapierre (2010, p. 76):

> Esses prazeres afetivos, fusionais, levam a criança a uma certa dependência do adulto, dependência de que deve se libertar. Daí o nascimento de uma nova fase de agressividade.
>
> Mas essa agressividade é muito diferente daquela do início. A criança estabeleceu com o adulto relações mais confiantes, já não tem medo dele, já não necessita destruí-lo, somente marcar simbolicamente a distância da sua independência.

A última fase é a do **jogo e da independência**, a fase em que as crianças conseguem explorar dois espaços em todas as relações. São momentos de comando e de submissão, de agressividade e afetividade, de acordo e oposição, de criatividade, autonomia, percepção do outro e de suas necessidades.

A criança que chega a essa fase é madura no brincar, consegue se autoperceber nas relações que estabelece, pode brincar com o grupo ou sozinha e tem propostas criativas. O jogo e a independência traduzem-se em uma criança ativa, que controla seu tônus, cria propostas, compreende o outro, reconhece seus limites e suas frustrações e busca resolução para os problemas.

Essa fase é muito relevante e consagra o amadurecimento no brincar e, consequentemente, nas ações da criança fora do *setting*. O brincar já não precisa nem depende mais do adulto, as crianças são capazes de criar os próprios projetos e investir neles. Se solicitam o adulto, é para que ajude em uma amarração ou algo que não alcançam. Podem aceitar o adulto em suas propostas, desde que desempenhe um papel simbólico em seu jogo.

Nas palavras de Lapierre e Lapierre (2010, p. 77):

> Eles pegam os objetos postos à sua disposição e estruturam seus jogos e brinquedos entre si, numa atmosfera de calma, de bem-estar e de descontração. Não somos excluídos, de quando em quando elas vêm convidar-nos para participar de sua atividade, utilizando nossa ajuda e competência, como fazemos com um amigo, entre adultos. Relações de pessoa a pessoa, poderíamos dizer, de igual para igual.

É o momento de maior tranquilidade motora, no qual as crianças podem realizar brincadeiras de correr, ou mesmo se agitarem, mas o maior foco é na construção – a agitação não é mais tão importante, mas sim as estratégias, as parcerias, a criatividade e as interações.

5.4
Intervenção no brincar

A intervenção é a possibilidade de agir na hora certa do brincar, muitas vezes tornando-o extremamente subjetivo. Acontece em todos os momentos, desde o início da retirada dos sapatos até o final da roda de conversa. Para que a intervenção ocorra de maneira adequada, é fundamental que haja uma boa decodificação por parte do psicomotricista, o que depende do quanto ele consegue disponibilizar-se para a relação estabelecida no *setting*.

A postura do psicomotricista, desde o primeiro contato, já deve apontar para a empatia, a disponibilidade e a escuta. Para a atitude ficar mais clara, citaremos algumas intervenções ocorridas na prática, desde o início das sessões até sua finalização.

Na chegada, algumas crianças ficam eufóricas e necessitam correr pela sala, por exemplo. Nesse momento, é possível permitir que corram por alguns poucos minutos e, em seguida, chamá-las para a roda no tapete. Outra possibilidade é organizar a sala com materiais e comunicar que passarão por alguns obstáculos até chegar ao tapete, mas que todos devem segui-lo para não se perderem. Essas estratégias colaboram para que o psicomotricista alcance seu objetivo de organizar as crianças no tapete para iniciar a roda.

Tais demandas são mais características de grupos grandes, geralmente escolares. Na clínica, é essencial insistir que as crianças se sentem na roda, mas sempre respeitando características patológicas de um possível indivíduo, o que pode demandar tempo até que consiga apropriar-se da ordem que deve ser seguida.

Na roda inicial e na roda final, a intervenção, muitas vezes, vem pela fala: o reforço positivo daquilo que a criança conseguiu; a escuta da história que ela conta e que relaciona com sua vida pessoal; as relações de cumplicidade, respeito, ajuda, companheirismo, compaixão, entre outras. Um exemplo disso é quando a criança fala, na roda final, que gostou de uma disputa que fez e o psicomotricista reforça reconhecendo seu poder. Casos em que crianças tímidas pegam o bastão e tentam lutar, mesmo com tônus baixo, também devem ser valorizados. Ao assumir seu desejo, ainda que de maneira deficitária, a criança quer e precisa ser reconhecida, validada, para reencontrar sua autoestima e, pouco a pouco, ampliar suas capacidades.

Durante o brincar, as intervenções vão ocorrendo de maneira subjetiva. O investimento simbólico desvenda a fala inconsciente da criança. O psicomotricista envolvido no brincar simbólico amplia sua decodificação e tem a possibilidade de intervir com as ações necessárias para o desenvolvimento.

O tapete, simbolicamente, é a "casa" (Lapierre; Llorca; Sánchez, 2015, p. 48) do psicomotricista, o investimento que a criança faz nele é relevante para a decodificação. Quando uma criança decide construir sua casa no tapete, por exemplo, a atenção a essa ação é de extrema relevância, pois, na maioria das vezes, pode significar ela está sobrepondo-se ao poder do adulto. Uma possibilidade de intervenção é convidá-la a fazer um quarto na casa do psicomotricista, ou ajudá-la a compreender que, naquele espaço, já existe uma casa e que ela está habitada. Com essa atitude, o adulto reforça seu papel e seu poder, colocando a criança em seu lugar, em sua posição de ser cuidada e protegida. Algumas crianças que desejam essa relação com o adulto acabam aceitando esse quarto em sua casa; outras resolvem fazer sua casa em outro espaço e manter uma relação paralela com o adulto.

Nas vivências, o adulto representa, de maneira inconsciente, aquele adulto com quem a criança tem algo a resolver emocionalmente. Pode representar, em determinado momento, a mãe, o pai, uma professora, um tio ou qualquer outra pessoa. Há crianças que, no momento do relaxamento, buscam o tapete e o colo do psicomotricista e, depois, relatam ter lembrado muito da mãe, o que sugere a relação afetiva que já têm ou desejam ter. Isso acontece em razão do sentimento acessado naquele momento.

Os momentos de disputa, que acontecem em ambas fases de agressividade, podem estar relacionados ao desejo de possuir o adulto ou de acessá-lo. É relevante que o adulto envolva-se nessa proposta, pois só assim compreenderá o desejo latente da criança com base na ação apresentada e, consequentemente, poderá intervir da maneira mais adequada. Quando a criança busca o adulto em uma relação de oposição e é aceita por isso, por exemplo, pode investir na agressividade com o psicomotricista durante a maior parte do tempo da sessão e, ao final, buscá-lo afetivamente, encontrando uma afetividade profunda, fusional.

Para intervir, não existe manual, mas vale a atenção direcionada às relações entre os fatores que influenciam as ações das crianças no *setting*. Cada intervenção, por mais subjetiva que seja, repercute de alguma forma na criança. É, portanto, fundamental a cautela do psicomotricista quanto às próprias ações e intervenções, de modo a tomar consciência diante do papel que ocupa nas relações.

5.5
Família, escola e intervenção

O trabalho realizado com a psicomotricidade relacional na clínica permite uma comunicação e interação entre todos os responsáveis pela criança: a família, com seu importante papel de apoio e acolhimento, e a escola, com a parceria e complementação do trabalho clínico. A intervenção na família inicia-se nas primeiras conversas, desde as informações apresentadas, passando pelo acolhimento e por aconselhamentos.

Vamos a um exemplo: quando uma criança é encaminhada pela escola para o atendimento, primeiro ocorre uma conversa com a mãe – chamada de *anamnese* –, na qual é relatada a queixa que a escola apresentou. Durante a anamnese, o profissional da escola percebe algumas características [2] deficitárias na relação familiar. É combinada uma orientação com os pais e, por isso, solicitada a presença do pai para uma próxima reunião. Esse exemplo é muito comum. Geralmente, a mãe acaba disponibilizando-se mais, e o pai só comparece quando solicitado.

• • • • •
2 Exemplos: um dos pais não dá limites, não se interessa pelas atividades da criança, não participa das reuniões escolares. Na hipótese exemplificada, o pai.

No que diz respeito à **família**, é fundamental que o profissional observe aos pontos descritos a seguir.

- Disposição para ouvir a queixa, a história, a dor familiar. Essa disponibilidade compõe a escuta, o acolhimento, a validação de todo o esforço de articulação que a família faz durante o atendimento. Para que essa disposição ocorra, em um momento inicial, o profissional pode colocar-se a ouvir mais do que a pontuar. Então, aos poucos, organiza os apontamentos com base nas atitudes percebidas nas sessões com a criança e os encontros com os pais. É apropriado também, na fala do primeiro atendimento, citar exemplos de intervenções que são realizadas nas sessões, pois isso dá segurança para a família com relação ao que será feito, como e por quê.
- Encontros vivenciais para toda a família devem acontecer quando necessários. O trabalho com a família, além de ajudar a compreender como acontecem as relações dentro desse grupo, amplia a capacidade de envolvimento entre eles e pode potencializar relações que ainda não se desenvolveram de forma adequada. A família vem para brincar, para disponibilizar-se e para construir junto. Para a criança em atendimento, é a família em seu espaço, uma participação que, muitas vezes, torna-se um marco para a criança, pois, de maneira muito especial, todos estão ali por ela.
- As orientações devem ser realizadas com muita atenção às possibilidades de cada família. Deve haver um plano de organização exclusivo e pessoal para atender às necessidades de cada sistema familiar. As orientações devem

acontecer com frequência e expandirem-se à medida que a família integra cada demanda. Não adianta reforçar as dificuldades ou sobrecarregar a família com muitas coisas a fazer; é preciso compreender o que é possível e, aos poucos, inserir ações e percepções a serem desenvolvidas.

O ambiente escolar é onde a criança está sozinha, sem sua família, e, portanto, necessita dispor de certa autonomia. Há escolas que, equivocadamente, seguram as crianças presas em uma sala de aula, reproduzindo instruções, o que não permite a autonomia em sua totalidade. Há casos em que, para não terem de responder aos pais, superprotegem as crianças e, ao menor sinal de choro, birra ou inquietação, dão colo e protegem-nas, excluindo-as do brincar e das propostas a serem realizadas.

Na **escola**, a intervenção ocorre por meio dos processos descritos a seguir.

- Observação do comportamento da criança em sala de aula, no recreio, durante as atividades. O objetivo é coletar informações.
- Reuniões com os profissionais responsáveis pela turma para, além de coletar informações, sugerir ações que funcionaram de maneira eficiente no trabalho clínico e que, com devidas adaptações, podem ser agregadas ao âmbito escolar.
- Em alguns casos, vivências com todos os alunos da sala de aula. Quando há crianças com grande comprometimento social ou com dificuldade de aceitação por parte do grupo escolar, é possível fazer uma vivência na escola com toda a turma; a escola deve estar de acordo, e o foco

é a aceitação, por parte de todos os alunos, da criança em questão. A vivência deve ser organizada para acontecer em espaço adequado e que não comprometa o andamento escolar e o bom desenvolvimento das outras crianças.

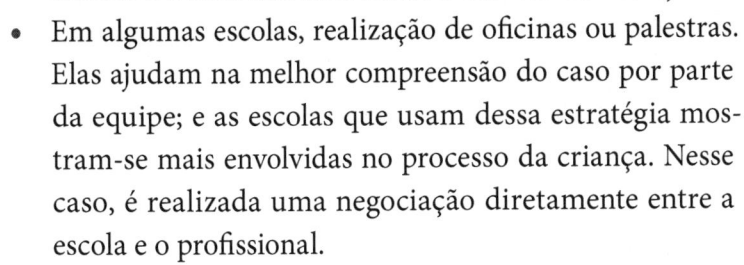

- Em algumas escolas, realização de oficinas ou palestras. Elas ajudam na melhor compreensão do caso por parte da equipe; e as escolas que usam dessa estratégia mostram-se mais envolvidas no processo da criança. Nesse caso, é realizada uma negociação diretamente entre a escola e o profissional.

A intervenção na escola e na família deve ocorrer de maneira clara e objetiva. É necessário que o profissional esteja atento aos limites que cada espaço reserva. A família, quando está no consultório, dispõe de um lugar que não é seu, que integra aos poucos e isso deve ser respeitado. A escola espera parceria, precisa de instruções e de orientação para dar prosseguimento aos encaminhamentos necessários. O profissional vai à escola para coletar informações, mas também para orientar, o que é fundamental para a continuidade do trabalho clínico.

Síntese

Neste capítulo, abordamos a avaliação e a intervenção psicomotora, destacando a complexa tarefa de avaliar, decodificar e intervir nas sessões de psicomotricidade relacional. Para a compreensão sobre o brincar da criança, inicialmente, é preciso aprender a escutá-la nesse contexto. Para isso, é necessário sair da posição de comando e saber esperar, entender o que a criança quer dizer sem o uso das palavras, mediante a fala inconsciente que acontece no brincar, dando atenção à postura e à tranquilidade para lidar com as mais diversas ações da criança.

A avaliação não ocorre de maneira cartesiana e mecânica, mas pela observação ao longo do brincar, pelas atitudes da criança e pelas escolhas que ela faz. Depende, portanto, do olhar atento, da capacidade de disponibilidade corporal do psicomotricista e das reações que compõem todo o processo interventivo.

A observação da progressão do brincar viabiliza as percepções avaliativas e de decodificação que permitem as intervenções necessárias. O processo interventivo depende dessa boa conduta de decodificação e possibilidades, não sendo proveitoso ancorar as ações em primeiras impressões, mas reagir, pouco a pouco, ao que vai surgindo, avaliando e reavaliando todas as ações e demandas da criança.

A escola e a família precisam estar em sintonia, e, portanto, a capacidade de conectá-las nas sessões repercute na evolução dos atendimentos. A inclusão da escola e da família em todo o processo de desenvolvimento do atendimento à criança é fundamental e comporta elementos que se potencializam mesmo fora do *setting* da psicomotricidade relacional.

Atividades de autoavaliação

1. Nosso corpo traz as marcas de nossa história, registros construídos ao longo da vida. O profissional que trabalha com a psicomotricidade deve estar atento para não misturar seus conteúdos internos aos das crianças. Assinale a alternativa que melhor explica essa afirmação:

a) É fundamental que o adulto coloque-se a brincar com a criança durante as sessões de psicomotricidade relacional.
b) A disponibilidade corporal não potencializa a escuta por meio do corpo.
c) O adulto precisa silenciar-se e, controlar suas transferências nas relações para compreender o outro.
d) O adulto deve conduzir o brincar, e não participar dele.
e) As demandas das crianças devem ser equiparadas às do adulto.

2. O brincar é carregado de conteúdos, alguns são chamados de *conteúdo manifesto*, e outros, de *conteúdo latente*. Analise as afirmativas a seguir e marque V para as verdadeiras e F para as falsas.
( ) O conteúdo manifesto é aquele que a criança apresenta enquanto brinca.
( ) O conteúdo latente está presente no sentimento da criança, mesmo que seja diferente daquele que apresenta em seu brincar.
( ) O conteúdo latente é aquele que o adulto apresenta à criança.
( ) A criança apresenta somente o conteúdo manifesto.

Agora, assinale a alternativa que apresenta a sequência correta:
a) F, F, V, F.
b) V, V, F, F.
c) V, F, V, V.

d) F, F, V, V.
e) V, V, F, F.

3. A avaliação deve ser fundamentada no brincar espontâneo e simbólico da criança. As percepções e as inovações são relevantes e descrevem com maior segurança a realidade da criança. Assinale a afirmativa que **não** apresenta relevância para a percepção do psicomotricista sobre a realidade da criança:
   a) Aplicar um teste com exercícios para a criança reproduzir.
   b) Avaliar como a criança disponibiliza-se no espaço.
   c) Compreender o que a criança faz com os materiais.
   d) Perceber a relação que a criança estabelece com o adulto.
   e) Identificar quais relações a criança busca no brincar.

4. Segundo Lapierre (2002), as crianças, assim como os adultos, passam por progressões no brincar durante as vivências psicomotoras relacionais. Analise os itens a seguir e identifique aqueles que correspondem à sequência das progressões descritas por Lapierre:
   I) Agressividade, fusionalidade, sensação, jogo e independência.
   II) Inibição, agressividade simbólica, agressividade, frustração e jogo.
   III) Inibição, agressividade, domesticação, fusionalidade, agressividade simbólica, jogo e independência.
   IV) Agressividade, afetividade, agressividade simbólica, domesticação, jogo e independência.

Agora, assinale a alternativa que apresenta somente os itens corretos:

a) III.
b) I, II e IV.
c) I, II e III.
d) I, II, III e IV.
e) I.

5. A comunicação entre a escola, os pais e os terapeutas deve ser clara e efetiva. A escola deve promover um espaço de abertura e de acolhimento aos terapeutas responsáveis pelas crianças. Assinale a alternativa que destaca as possibilidades de intervenção no âmbito escolar:
a) Participar diariamente das atividades escolares.
b) Indicar outras crianças para o atendimento.
c) Reunir-se com os pais na escola.
d) Reunir-se com os responsáveis pela criança e profissionais da escola para orientação e coleta de dados.
e) Fazer o atendimento clínico na escola.

Atividades de aprendizagem

Questões para reflexão

1. Assista ao vídeo indicado a seguir e elabore um texto de, no mínimo, duas laudas, expondo a relevância da psicomotricidade e as atitudes fundamentais que a escola deve promover para que o corpo seja parceiro no desenvolvimento da aprendizagem.

JOSÉ Angelo Gaiarsa – O corpo em movimento. Disponível em: <https://www.youtube.com/watch?v=Peur4mGK-a0>. Acesso em: 13 mar. 2019.

2. A criatividade é inata ao ser humano, porém as condições do meio podem ofuscar a determinação nas ações realizadas. Procure fazer uma reflexão sobre sua criatividade: Como você a tem exercitado? É possível melhorá-la? Como? Para auxiliá-lo, sugere-se a leitura do seguinte artigo:

KAMANCHEK, A. 12 maneiras de aumentar sua criatividade. **Exame**, 13 mar. 2013. Disponível em: <https://exame.abril.com.br/carreira/12-maneiras-de-aumentar-a-criatividade/>. Acesso em: 13 mar. 2019.

Atividades aplicadas: prática

1. Observe duas crianças entre 3 e 8 anos brincando e elabore um texto com suas constatações, contemplando os seguintes pontos:
    a) Que sentimentos apresenta na relação com os adultos?
    b) Que sentimentos apresenta na relação com outras crianças?
    c) Percorre todo o espaço onde brinca ou fixa-se em algum lugar? Qual?
    d) Como utiliza os objetos? Compartilha ou guarda para si? Fecha-se na relação com o objeto e esquece os outros?
    e) Como reage à frustração, à culpa, à afirmação, ao medo, à afetividade?
    f) Outras informações relevantes.

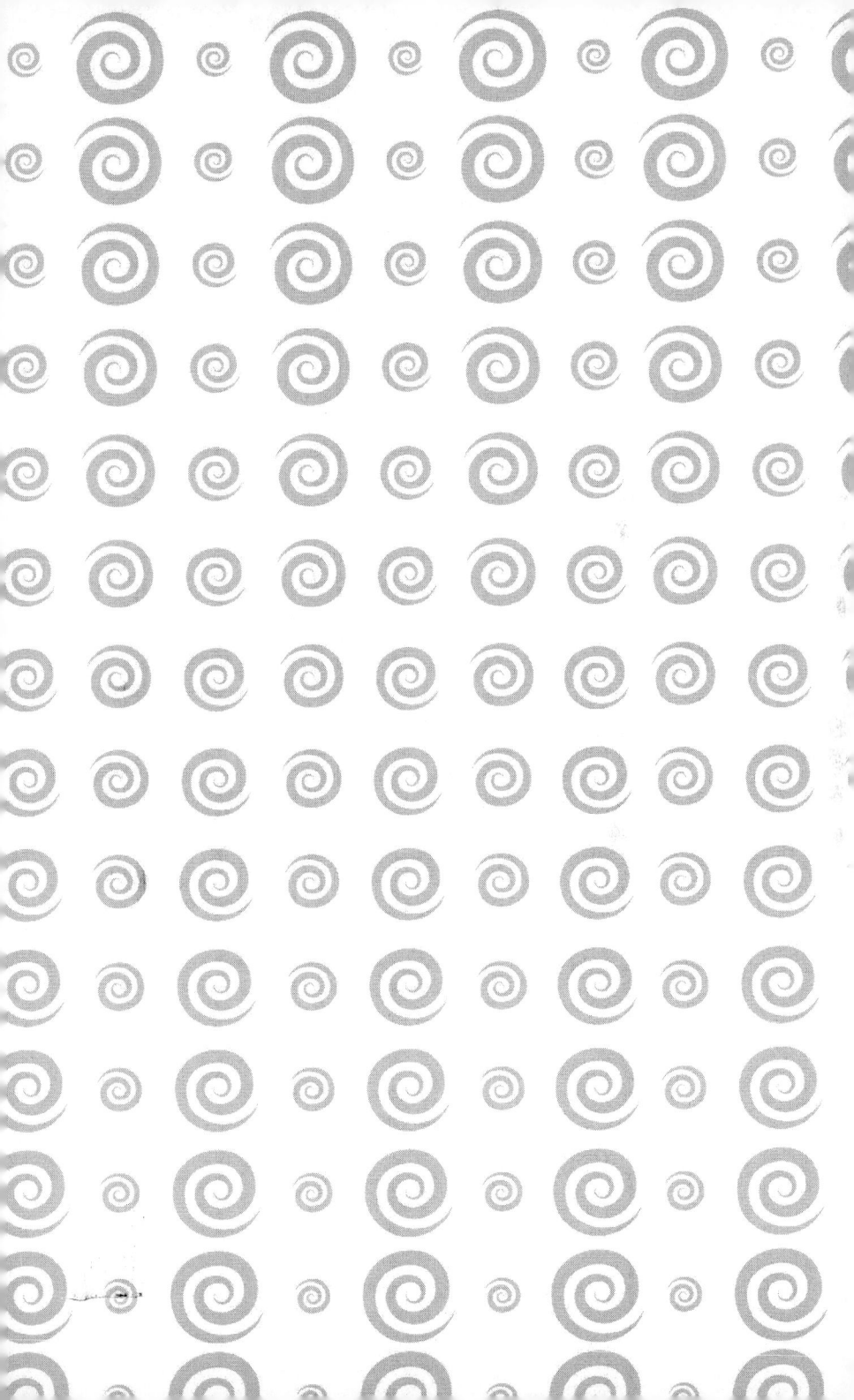

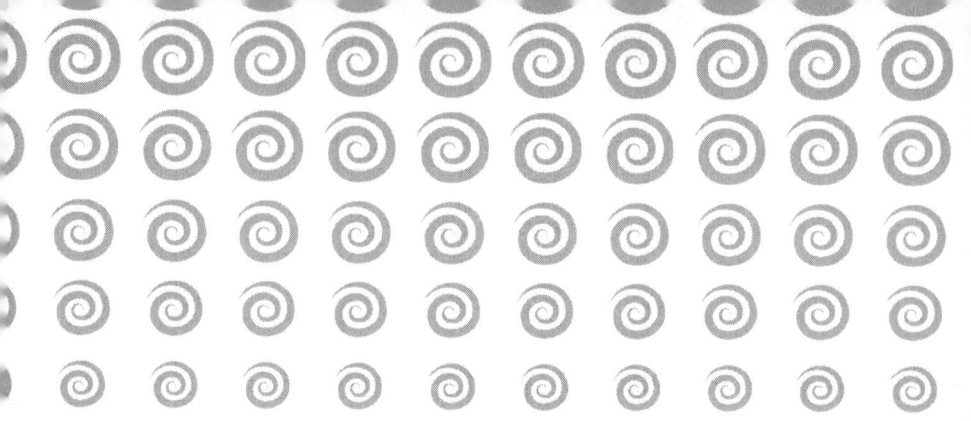

6
Formação e atuação do psicomotricista relacional

Neste capítulo, analisaremos a formação e a atuação do psicomotricista. Para tanto, destacaremos a relevância da formação pessoal, bem como as possibilidades e os objetivos em cada âmbito de atuação.

6.1
Formação pessoal

A formação pessoal é indispensável ao psicomotricista relacional. E o que se define por formação pessoal? Há muitas controvérsias e discussões sobre a formação pessoal. Entretanto, compreender seu objetivo amplia de forma única o potencial do profissional e colabora com eficácia para o ajuste necessário à atuação segura do psicomotricista.

Quando abordamos o campo pessoal, tratamos de elementos de cunho emocional e muito individual. Em grupos, esses elementos disseminam-se das mais variadas formas. O que isso quer dizer? Que quando pessoas em processo de formação pessoal são colocadas para brincar, momento em que a fala inconsciente é revelada, há possibilidade de que conteúdos pessoais fiquem evidentes.

É pertinente ressaltar que esses conteúdos pessoais revelados durante a formação pessoal estabelecida pelo brincar são ligados à maneira de ser, de atuar, de relacionar-se própria de cada pessoa. Embora para alguns possa ser terapêutico, esse trabalho não é um espaço de terapia. O objetivo é criar oportunidade para que cada pessoa se expresse da melhor forma possível, externando suas necessidades e, com o tempo, superando-as. O autoconhecimento e as percepções dos modelos que ocorrem nas vivências fortalecem a formação.

Algumas pessoas trazem suas histórias, aprofundam sentimentos arcaicos, restabelecem conexões com feridas ou marcas de vida. No *setting*, todos esses conteúdos trazidos pelos participantes são acolhidos. O formador, como mediador de todo o processo, acolhe as histórias, chama a atenção para a tomada de consciência sobre determinadas situações e, durante as vivências, faz intervenções necessárias para a superação das demandas que aparecem.

Para os casos de maior profundidade, de sentimentos que são regidos por inquietações de difícil controle, é fundamental que o participante busque um processo terapêutico próprio em outro espaço. A formação pessoal pode apontar para demandas mais delicadas e de maior profundidade do participante da formação, mas não tem como objetivo sua superação. Por isso, casos de necessidade de aprofundamento no campo psicológico devem ser tratados com um profissional adequado, um psicólogo ou terapeuta.

> O objetivo da formação pessoal é possibilitar ao participante experimentar o que a criança faz, entrar em contato com os sentimentos das crianças, constatar as variações que a criança percebe, ou seja, vivenciar para permitir-se viver corporalmente como criança.

A formação pessoal do psicomotricista relacional, seja atuante na área escolar, seja na área clínica, favorece o ajuste com o próprio corpo, uma vez que a atuação concretiza-se pela mediação corporal. Lapierre, Llorca e Sánchez (2015) destacam-na como ferramenta de apropriação da vivência, da reflexão, das atitudes corporais, da disponibilidade corporal e da escuta do outro.

> Favorecer o desenvolvimento da personalidade infantil requer a reflexão e compreensão de diferentes tópicos que configuram a vida relacional das pessoas, como a dependência e a

autonomia, a necessidade e o mundo dos desejos, dos medos, das facilidades, da afetividade e da agressividade.[1] (Lapierre, Llorca e Sánchez, 2015, p. 69, tradução nossa)

Para que o processo transcorra de maneira eficiente, é importante que a formação seja em grupo e que o psicomotricista (formador) posicione-se como condutor e referência para esse grupo.

Lapierre, Llorca e Sánches (2015, p. 74, tradução nossa) apontam as competências gerais de aprendizagem e de atitudes fundamentais para o psicomotricista:

- desenvolvimento de habilidades de inter-relação e trabalho colaborativo;
- desenvolvimento de habilidades de liderança;
- desenvolvimento de princípios éticos e profissionais;
- desenvolvimento de uma capacidade reflexiva e crítica diante da intervenção que permita a busca de alternativas aos problemas e necessidades encontradas.[2]

O destaque para a formação pessoal com objetivo de atuação no campo clínico sujeita-se às relações transferenciais e contratransferenciais que ocorrem durante as sessões.

• • • • •
1 "Favorecer el desarrollo de la personalidad infantil requiere la reflexión y comprensión sobre diferentes tópicos que configuran la vida relacional de las personas, como la dependencia y la autonomía, la necesidad y el mundo de los deseos, los miedos y las fortalezas, la agresividad y la afectividad, etc."

2 "Competencias generales del aprendizaje actitudinal: desarrollar habilidades de interrelación y trabajo colaborativo; desarrollar habilidades de liderazgo; actuar bajo princípios ético-profesionales; desarrollar una actitud reflexiva y crítica ante la intervención que permita la búsqueda de alternativas frente a los problemas y necesidades encontradas."

A atenção sinaliza o cuidado que o psicomotricista deve ter quando envolvido no jogo e a importância do fortalecimento necessário para a construção afetiva e relacional.

6.2
Supervisão na formação do psicomotricista relacional

A formação do psicomotricista relacional, em seu processo mais avançado, constitui a prática com o outro. Essa prática, no âmbito escolar ou clínico, compreende o estágio supervisionado. A supervisão realiza-se pelo olhar atento do formador a essa experiência do participante.

Passado um tempo de formação teórica e pessoal, é chegada a hora de assumir um espaço com certa autonomia, onde o profissional em formação possa entrar em contato com o **fazer** a partir das experiências vivenciadas na formação pessoal e discutidas na formação teórica.

Segundo Mir (2006, citado por Lapierre; Llorca; Sánchez, 2015, p. 65, tradução nossa),

> a formação prática implica saber aplicar os conhecimentos às situações concretas, utilizando os procedimentos mais adequados, técnicas de aprendizagem e técnicas de trabalho, solucionando problemas de forma autônoma e transferindo as experiências adquiridas às novas situações, em uma

apropriação de estratégias e ferramentas metodológicas para a intervenção psicomotora.[3]

O participante deve escolher um grupo para aplicar o que, até então, somente vivenciou. Esse momento, muitas vezes, é delicado para o psicomotricista em formação, pois precisa encontrar um lugar que o acolha, um espaço adequado onde possa atender às crianças com liberdade e confiança. Esse espaço, por vezes escolar, deve permitir a continuidade do trabalho, conforme acordado com o supervisor.

No início, encontrar o lugar adequado para realizar o estágio pode ser um pouco desgastante, mas é de extrema importância que ambas as partes se comprometam até o encerramento. Se um participante inicia seu estágio com uma turma no âmbito escolar, e essa turma encerra-se por algum motivo, seu estágio será comprometido.

O contato que o participante estabelece com a criança é único; até pode ser descrito, mas somente a verbalização não compõe a visão do todo para o formador/supervisor. Para isso, todas as sessões são gravadas em vídeo[4] e, no momento de supervisão, as imagens são apresentadas para análise do supervisor e para aprendizagem do participante e da turma.

A supervisão tem o papel de acolher o participante. Durante o processo de supervisão, todos os alunos participam

• • • • •
3 "la formación práctica implica saber aplicar los conocimientos a situaciones laborales concretas, utilizando los procedimientos más adecuados, técnicas de aprendizaje y técnicas de trabajo, solucionando problemas de forma autónoma y transfiriendo las experiencias adquiridas a nuevas situaciones."

4 Para gravar o vídeo com menores, é imprescindível ter a autorização dos pais por escrito.

observando as imagens e atentando-se às orientações que são passadas. Por ser um momento de exposição do participante, se não houver sensibilidade, a avaliação pode comprometer seu aproveitamento. A exposição de cada participante deve ser encarada como um processo de aprendizagem, pois proporciona um exercício de autopercepção e de aceitação de suas necessidades.

É fundamental que o grupo que assiste passe segurança, pois todos devem estar disponíveis para aprender. Nesse momento, as orientações do supervisor potencializarão as capacidades de decodificação e intervenção no brincar.

A formação teórica agregada às possibilidades provenientes das intervenções práticas fortalece a confiança na atuação.

O psicomotricista em formação deve ser capaz de se envolver em todo processo, sem medo, aproveitando com muito empenho toda a análise realizada com o supervisor. Mesmo participando da formação pessoal, algumas questões de cunho crítico são destacadas nesse processo. É relevante avaliar a necessidade de uma ajuda terapêutica no processo para que a crítica não seja motivo de contrariedade.

A supervisão precisa dar o apoio necessário ao participante, entretanto, é preciso ficar atenta às possibilidades de dependência. No início do processo de formação, os apontamentos da supervisão são detalhistas e elucidativos. Todo o processo é aprofundado à medida que os participantes vão conquistando liberdade e autonomia em suas ações. As características das orientações de cada supervisão dependem das ações dos participantes, mas sempre levando em conta o crescimento e o desenvolvimento do estagiário.

Como já destacamos, a atuação do psicomotricista relacional compõe, em grande parte, uma entrega que é também pessoal. A supervisão pode acompanhar o profissional em suas atuações posteriormente à formação, desde que não se enquadre como um acordo de dependência de ambas as partes. Como atuante, o psicomotricista relacional formado pode deparar-se com questões de difícil resolução, ou seja, situações pessoais ou atendimentos que necessitem de um segundo olhar. Nesses casos, o psicomotricista relacional deve buscar o supervisor para uma orientação.

No campo pessoal, a supervisão pode ser ancorada como orientação, mas sempre considerando o objetivo de desenvolver a autonomia e a criticidade por parte do solicitante.

É necessário sempre dar atenção ao campo pessoal, pois, ao lidar com demandas pessoais das crianças, pode ocorrer absorção de questões, que, por vezes, precisam de ajustes pessoais do psicomotricista; por isso, este deve buscar uma atividade ou terapia que ofereça o direcionamento para vasão da problemática.

6.3
Psicomotricidade relacional escolar: benefícios e amplitude

A prática psicomotora relacional atrelada ao desenvolvimento escolar favorece a evolução de elementos construtivos das relações estabelecidas dentro e fora da escola. Cada escola tem características próprias quanto ao oferecimento de atividades no currículo e ao fortalecimento e desenvolvimento do trabalho profissional. Essas características delimitam a amplitude do trabalho desenvolvido na área, mas são muitas as possibilidades de inserir a prática psicomotora relacional no ambiente escolar, dependendo dos objetivos que se deseja alcançar.

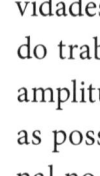

A escola que oferece a prática psicomotora relacional para suas crianças e jovens propicia espaço e tempo para a liberação motora e o acordo relacional. Isso ocorre porque o método valoriza a individualidade.

A proposta da atividade na grade curricular ou extracurricular visa:

- desenvolver uma atividade prática motora;
- ampliar a sociabilização;
- ajustar a capacidade de comunicação;
- proporcionar um espaço de criatividade;
- trabalhar com elaborações simbólicas e reflexivas;
- aprimorar as capacidades cognitivas;
- promover o autoconhecimento e a elevação da autoestima;
- sintonizar as demandas pessoais com a resolução de conflitos;
- respeitar o desenvolvimento de cada um e potencializar a aprendizagem;
- imprimir significados às ações, assim como às consequências, aprimorando o olhar das crianças de maneira resiliente e saudável.

Na escola, há muitos aspectos que podem ser desenvolvidos durante as sessões, dependendo das intervenções necessárias e das reflexões atreladas às práticas. Alguns casos demandam a ajuda de outros campos de atendimento, como os terapêuticos.

O trabalho escolar pode dispor de atendimento aos professores e funcionários como formação continuada. Refletir sobre a formação continuada é um cuidado que toda escola deve ter. Para garanti-la, é relevante pensar uma formação técnica, didática, metodológica e pessoal. No decorrer da formação de aspecto pessoal, a prática psicomotora relacional proporciona elementos de potencialização das reflexões relacionais.

Segundo a pesquisa realizada por Gusi (2016, p. 29) sobre a formação dos professores: "a formação do professor e o desenvolvimento pessoal estão intimamente associados. Assim, a formação continuada, com vistas à relação pessoal desse sujeito, seu processo de formação e as histórias de vida complementam-se para alcançar êxito". A autora ainda destaca: "fundamentalmente, o olhar para a formação pessoal do professor vem ganhando espaço, viés por meio do qual se encontra ressonância com a prática psicomotora relacional" (Gusi, 2016, p. 30).

Esse é um campo que atualmente vem recebendo maior interesse por parte dos pesquisadores. Garantir a formação pessoal dos profissionais da escola é proporcionar um espaço de desenvolvimento capaz de refletir inteiramente os seguintes aspectos:

- relação interpessoal;
- autoestima e motivação;
- desenvolvimento da criatividade;

- aprimoramento da criticidade;
- relação que estabelece com o outro;
- alívio de estresse e tensões;
- autoconhecimento;
- resolução de conflitos;
- regulação e reflexão sobre limites;
- desenvolvimento pessoal e de sintonia de equipe.

Há ainda outros aspectos que são desenvolvidos durante os encontros de funcionários. É relevante salientar que a continuidade se faz necessária durante um intervalo de dois ou três meses.

O formato das vivências com adultos é o mesmo das vivências com crianças, entretanto, são agregados alguns pequenos direcionamentos e um momento reflexivo após as vivências. Trata-se da oportunidade de *feedback* sobre o que foi vivenciado. Depois de mais ou menos uma semana, todos os participantes são convidados a um encontro teórico, no qual discutem sobre suas sensações e, sobretudo, sobre a relação que estabelecem com seu campo profissional e inter-relacional no espaço escolar. Esse momento é muito interessante e sugere a capacidade reflexiva sobre as ações e suas consequências quando brincaram.

A formação pessoal dos profissionais da escola repercute diretamente no ambiente relacional de funcionários, professores e alunos. Quando for realizada a vivência com funcionários da escola, todos precisam participar, independentemente do cargo que ocupam. A oportunidade de vivenciar e refletir sobre suas ações contribui para potencializar e ajustar as relações de respeito, parceria, companheirismo, humildade, resiliência, afetividade e compromisso com o que faz.

Na escola, é possível viabilizar os pais uma ocasião como essa. No dia da família, por exemplo, em um primeiro momento, os pais brincam entre si e, em seguida, as crianças brincam com os pais. Nessa oportunidade, verificam-se:

- ressignificação do espaço simbólico;
- ludicidade;
- reflexão sobre a qualidade da relação e do brincar entre pais e filhos;
- equilíbrio entre as necessidades e as possibilidades das demandas relacionais.

O trabalho com a psicomotricidade relacional bem aproveitado fortalece diversos campos da escola, mas principalmente as questões ligadas à aprendizagem e às relações intrapessoais e interpessoais.

6.4
Psicomotricidade relacional na clínica

De acordo com Lapierre, Llorca e Sánchez (2015, p. 74, tradução nossa),

> Trabalhar a psicomotricidade no âmbito clínico implica, na maioria das vezes, atuar sobre as dificuldades de evolução do psiquismo desde o nascimento até a vida adulta, utilizando

para isso situações de jogo espontâneo em que o psicomotricista oferece seu corpo e uma série de materiais para favorecer esta evolução, assumindo um lugar inevitavelmente relacional, transferencial e contratransferencial que faz referência às figuras parentais.[5]

No trabalho clínico, inicialmente, é realizada uma entrevista – a *anamnese* –, como abordado anteriormente. É o momento de compreender a queixa dos pais e as características da criança, em uma conversa que trata sobre concepção, gestação, nascimento, alimentação, sono, manias, desenvolvimento psicomotor, socialização, habilidades, rotina, patologias e todas as informações que os pais ou responsáveis possam fornecer sobre a criança.

Nessa hora, há uma aproximação entre o trabalho a ser realizado e o perfil da criança. Para o psicomotricista, no entanto, esse momento não caracteriza um fim com relação às informações sobre a criança. As primeiras hipóteses dele serão formadas apenas quando ocorrer o contato no *setting*.

O psicomotricista relacional deve permanecer atento aos rótulos que a família e outros profissionais designam para a criança. Perceber os detalhes que aparecem nas sessões proporciona uma escuta mais livre e descontaminada dos outros olhares. É importante que, passadas algumas sessões,

• • • • •
5 "Trabajar psicomotricidad en el ámbito clínico implica la mayoría de las veces hacerlo sobre las dificultades en la evolución del psiquismo del nacimiento a la edad adulta, utilizando para ello situaciones de juego espontáneo en las que el psicomotricista ofrece su cuerpo y uma serie de materiales para favorecer esta evolución, teniendo lugar inevitablemente reacciones transferenciales y contratransferenciales que hacen referencia a las figuras parentales."

o psicomotricista possa contatar novamente a família para recolher mais dados, ainda que, a cada encontro, para um profissional bem atento, muitos conteúdos sejam destacados e favoreçam a escuta e a decodificação por parte do profissional.

O atendimento clínico ocorre em grupo ou individualmente. O que indica qual deve ser o número de integrantes do atendimento são as características do quadro que a criança apresenta. Uma criança que tem uma patologia grave e não consegue se relacionar com outras por ser muito agressiva ou por apresentar um estado de alienação ao outro, demandando um terapeuta só para ela, por exemplo, deve ter **atendimento individualizado**. Crianças com dificuldades relacionais, mas que não oferecem risco para as outras, por sua vez, devem participar de **atendimento em grupo**.

O grupo fortalece muito os atendimentos, já que vivemos em sociedade e precisamos uns dos outros. Nas práticas psicomotoras relacionais, o grupo colabora imensamente; as relações que se estabelecem confrontam as características individuais, mas, ao mesmo tempo, vivenciadas com o outro. Além disso, o fato de uma criança não se envolver no brincar não quer dizer que não esteja aproveitando aquele momento; ao observar o grupo, muitas elaborações vão surgindo, abrindo possibilidades de ações diferentes em seu próprio repertório.

O *feedback* aos pais é sempre dado à medida que haja necessidade e varia de caso a caso, embora não se deva passar mais que três meses sem um momento de conversa com eles de maneira mais formal. As solicitações dos pais são muito importantes no processo e, muitas vezes, conversas rápidas podem acontecer semanalmente.

Outros profissionais que atendem a criança também precisam ser contatados. Caso não façam parte do mesmo espaço, é preciso agendar uma conversa para o estabelecimento das próximas diretrizes no trabalho com a criança. Entre profissionais que estão vinculados ao mesmo espaço clínico, a troca de informação e o **alinhamento** dos atendimentos devem ser constantes.

Para o atendimento clínico, é relevante a **avaliação** constante do trabalho realizado com cada criança, havendo a possibilidade de inserir ou retirar atendimentos que, para aquele determinado momento, não possibilitem grande aproveitamento. Sobre isso e sobre os objetivos alcançados e não alcançados, os pais devem ser avisados em todos os atendimentos.

A visita à escola da criança é pertinente desde que haja queixa sobre o comportamento dela no contexto escolar. O psicomotricista vai à escola não só para coletar informações, mas também para orientar os profissionais envolvidos com a criança. As orientações são fundamentais para que o desenvolvimento ocorra de forma linear em todos os campos que integram as relações da criança.

O espaço clínico é um espaço de acolhimento e sigilo. Cada caso deve ser acompanhado de forma cuidadosa e individual. A disponibilidade do psicomotricista para formar parcerias com outros profissionais e a família é essencial para o sucesso dos atendimentos.

Cada vez mais a psicomotricidade relacional vem sendo indicada por vários profissionais da saúde e da educação. Os resultados que podem ser alcançados com as sessões potencializam os atendimentos de outros profissionais, seja no âmbito escolar, seja no da saúde. A responsabilidade de cada psicomotricista garante a eficácia e o reconhecimento de sua atuação.

6.5 Psicomotricidade relacional na empresa

A metodologia psicomotora relacional pode ser utilizada também no âmbito empresarial. O campo de atuação encontra-se no setor de recursos humanos, com o objetivo de promover:

- diminuição do estresse;
- motivação;
- fortalecimento de equipes;
- ampliação da capacidade de comunicação;
- encontro e fortalecimento dos limites que condicionam as relações interpessoais;
- autoconhecimento;
- ajuste das relações de poder.

Outros objetivos também podem ser delineados com base nas necessidades observadas pela empresa.

O trabalho é prático e teórico e deve ser realizado por um profissional capacitado e preparado para atuar nesse campo. Um exemplo de aplicação útil do trabalho com a psicomotricidade relacional é quando a empresa está com problemas na comunicação entre setores. A comunicação é fundamental para que o trabalho aconteça de maneira eficiente e eficaz. Diante disso, o setor de gestão de pessoas pode propor um trabalho que desenvolva as habilidades de comunicação e de relacionamento e que agregue elementos estratégicos para os funcionários sentirem-se à vontade e comprometidos com a comunicação. As sessões de psicomotricidade relacional colaboram para esse processo.

Nas empresas, as relações têm extrema importância. Um funcionário que se sente bem consigo, com seus colegas e com sua função produz com eficiência e cumpre suas obrigações com eficácia; e isso depende da saúde emocional do profissional. A psicomotricidade relacional atende a esse quesito ao vincular seus objetivos aos ajustes relacionais e pessoais do meio empresarial. Não se trata de uma terapia, mas de um espaço reflexivo sobre as ações inconscientes durante o brincar dos adultos.

Todo o procedimento utilizado nas práticas com crianças repete-se com os adultos, o que facilita a fala inconsciente de maneira lúdica, mas pode causar resistência por parte de alguns. Ao brincar, nem todas as pessoas aderem aos movimentos do grupo. Embora seja um trabalho que prioriza a espontaneidade e a expressão de cada um à sua maneira, algumas pessoas podem resistir e não desejar participar dos momentos vivenciais, talvez por estarem mais familiarizadas com atividades direcionadas nas quais não precisam efetuar grandes ações espontâneas.

A capacidade de ousar em suas ações, de perder a inibição diante do outro, de colocar-se de maneira espontânea tem ligação com a capacidade criativa, de segurança e de resiliência particular de cada um. É fundamental respeitar o tempo e o espaço de cada pessoa, possibilitando a superação das demandas pessoais e, muitas vezes, a libertação de sentimentos que aprisionam uma pessoa há muito tempo e dos quais ela ainda não tomou consciência. A espontaneidade é um universo proibido para algumas pessoas que lidam de maneira cartesiana com os modelos sociais.

Cada momento vivencial realizado na empresa deve ser acompanhado por outro de discussão e reflexão sobre o que foi vivenciado. É ideal que este ocorra pelo menos uma semana depois, assim há um tempo para que se reelabore o que foi vivido e se discutam eventuais questões que surgiram após a sessão de psicomotricidade.

Trata-se de uma oportunidade de acolhimento e de entrega e, portanto, demanda atenção e discrição com relação a tudo o que ocorre, sendo dispensáveis comentários na empresa fora dos momentos apropriados. Isso é combinado e estabelecido com todos os participantes desde o início e favorece todo o processo que compreende o trabalho da psicomotricidade relacional.

As vivências ocorridas na empresa devem acontecer 4 ou 5 vezes ao ano, garantindo uma sequência e um aprofundamento dos objetivos propostos.

Síntese

Neste capítulo, abordamos a formação e a atuação do psicomotricista relacional e apontamos as possibilidades de interseção com o trabalho do psicopedagogo.

A formação do psicomotricista relacional está configurada em um tripé composto de: formação teórica, formação prática supervisionada e formação pessoal. Todo o processo de formação tem como objetivo oferecer um olhar e uma escuta que viabilizem ao profissional atuar nos campos clínico e escolar com naturalidade e segurança.

A formação pessoal não ocorre de maneira cartesiana, mas contínua e agregada aos outros momentos da formação. Colocar cada indivíduo em contato com suas possibilidades motoras e relacionais expõe, muitas vezes, características que interferem na base psíquica de cada um. A estrutura dessa formação deve atentar às projeções, pois o objetivo não é fazer terapia com os participantes, mas reflexões sobre suas possibilidades, fortalecendo as características necessárias para atingir os objetivos nos atendimentos.

Na formação supervisionada, o participante coloca em prática o que vivenciou e aprendeu, ainda com o olhar do supervisor sobre sua prática, o qual aponta os ajustes necessários e contribui, assim, para o atendimento de qualidade.

Parte do tripé de formação, a teoria compõe um importante aspecto ligado às informações que ancoram o trabalho do psicomotricista. A teoria parte de elementos básicos de motricidade, saúde emocional, teorias de base, estudo das patologias e outros que compreendem o desenvolvimento humano. Assim, o psicomotricista pode colaborar para o olhar do psicopedagogo com suas percepções, fortalecendo a atuação de ambos no trabalho clínico ou em outros espaços em que sua presença seja pertinente.

A amplitude do trabalho envolve os espaços da clínica, da escola e da empresa, sustentando e acolhendo demandas patológicas, emocionais, sociais e relacionais que repercutem no dia a dia de cada pessoa. Como no exemplo da empresa que precisava unir seus funcionários, com a prática psicomotora relacional e os momentos de debate na empresa, criam-se estratégias que potencializam as relações, favorecendo a união e a possibilidade de mantê-la sempre.

Para o psicopedagogo, tanto o olhar do psicomotricista quanto a parceria com ele fortalecem o trabalho psicopedagógico e desenvolvem novas possibilidades de atendimento à pessoa como ser global e parte de um sistema no qual está inserido.

Cada âmbito de atendimento tem características próprias e elementos fundamentais para o bom desempenho do trabalho. Destacar a atenção requer sustentar essas peculiaridades em um processo de fidelidade e profissionalismo, relevantes à atuação profissional.

Como em todas as profissões, o aprimoramento é parte constante e requer atenção. Um profissional comprometido fortalece-se e agrega elementos que repercutem positivamente em sua prática. A formação continuada, por intermédio de cursos, oficinas e estudos, eleva as capacidades profissionais, introduz inovações aos atendimentos e repercute em qualidade.

Atividades de autoavaliação

1. A formação do psicomotricista pode ser representada pelo tripé: formação teórica, formação prática e estágio supervisionado. Cada espaço de formação potencializa as características necessárias para desenvolver o profissional atuante da área clínica, escolar ou empresarial. Assinale a alternativa que melhor explica o objetivo da formação pessoal:

a) Oferecer a cada pessoa a oportunidade de expressar-se da melhor forma possível, valendo-se de suas necessidades para fortalecer-se e controlar-se diante da criança.
b) Somente potencializar a escuta por meio do corpo.
c) Promover um espaço terapêutico para suprir suas demandas pessoais e, assim, garantir uma atuação segura.
d) Somente dar exemplos de atuação a serem realizados com a criança.
e) Fazer terapia coletiva.

2. A supervisão na formação do psicomotricista é o momento do olhar atento do formador à prática que se inicia, uma oportunidade de novas experiências, escolhas e atitudes. Analise as afirmativas a seguir e marque V para as verdadeiras e F para as falsas.

( ) A supervisão tem o papel de acolher o participante.
( ) A exposição (apresentação da sessão em vídeo) durante a supervisão em grupo deve ser encarada como um processo de aprendizagem, pois proporciona um exercício de autopercepção e aceitação de suas demandas.
( ) A supervisão precisa dar o apoio necessário ao participante, entretanto, deve atentar às possibilidades de dependência.
( ) A supervisão não é obrigatória, embora seja relevante para o processo formativo.

Agora, assinale a alternativa que apresenta a sequência correta:

a) F, F, V, F.
b) V, V, V, F.
c) V, F, V, V.
d) V, V, F, F.
e) F, V, F, V.

3. A prática psicomotora relacional atrelada ao desenvolvimento escolar favorece a evolução de elementos construtivos das relações estabelecidas dentro e fora da escola. Assinale a afirmativa que **não** apresenta relação com o atendimento escolar:
   a) As atividades podem acontecer na grade curricular ou no contraturno.
   b) Há benefícios para o desenvolvimento das capacidades relacionais dos indivíduos.
   c) Propicia espaço e tempo para a liberação motora e o acordo relacional porque valoriza a individualidade.
   d) É um trabalho terapêutico de grande valor no espaço escolar.
   e) As potencialidades das crianças são valorizadas.

4. Quando se trata de formação continuada, é preciso considerar a formação pessoal em uma mesma proporção que as formações técnica, didática e metodológica, pois o trabalho psicomotor relacional escolar está vinculado a diversas ações que vão além do atendimento com as crianças. Analise as afirmativas a seguir e identifique as que correspondem às possibilidades de ações da psicomotricidade relacional na escola.

I) Na escola, é possível trabalhar a formação pessoal a partir da prática psicomotora relacional.

II) Os pais podem participar de vivências psicomotoras relacionais em dias comemorativos na escola.

III) O trabalho na escola pode se desenvolver de maneira terapêutica para a família.

IV) Para a escola que oferece a psicomotricidade relacional, não é necessário o trabalho de outros terapeutas.

Agora, assinale a alternativa que apresenta somente os itens corretos:

a) I e II.
b) I, III e IV.
c) I, II e III.
d) I, II, III e IV.
e) II, III e IV.

5. O atendimento no espaço clínico deve proporcionar acolhimento e disponibilidade para a família. Assinale a alternativa que destaca as possibilidades de intervenção no âmbito clínico:

a) O trabalho do psicomotricista só pode ocorrer agregado ao trabalho do psicólogo.
b) Não é ideal que o psicomotricista vá à escola para coletar informações e indicar formas de trabalho com o paciente que atende.
c) As reuniões com os pais devem ocorrer semanalmente.
d) Para o atendimento clínico, é importante a avaliação constante do trabalho realizado com cada criança.
e) Todos os pacientes devem participar de sessões com outros pacientes.

Atividades de aprendizagem

Questões para reflexão

1. Os diversos setores de empresas, escolas, hospitais e outros espaços de serviços preocupam-se em capacitar seus profissionais com instrumentos técnicos e metodológicos de forma contínua. Muitas vezes, no entanto, não se lembram da relevância da formação pessoal. Essa formação tem o objetivo de alinhar o discurso técnico tanto ao campo pessoal quanto às relações interpessoais. Quais as implicações da formação pessoal nos campos escolar, clínico e empresarial?

2. Quais áreas de atuação você considera essenciais para a formação pessoal?

Atividades aplicadas: prática

1. Selecione, pelo menos, duas escolas, duas empresas e duas clínicas e investigue:
   a) Se desenvolvem a formação pessoal com seus funcionários.
   b) Em caso positivo, qual método utilizam, que aspectos reconhecem como benefício e que pontos consideram como desvantagem.
   c) Se consideram a formação pessoal parte da formação continuada.
   d) A periodicidade da formação pessoal.
   e) Caso não desenvolvam a formação pessoal, se conhecem algum método e os motivos da não adesão.

Após a pesquisa, elabore uma apresentação com os resultados. Lembre-se de que você não deve citar o nome das instituições investigadas e precisa pedir permissão para realizar a pesquisa.

Considerações finais

Muito há a considerar quando analisamos as emoções. Compreender o outro em suas ações demanda as capacidades mais extremas dos terapeutas. Nesse sentido, apresentamos, aqui, elementos que traduzem uma prática com meios que ultrapassam as capacidades físicas e de consciência, chegando à subjetividade das ações e relações.

Abordamos o aprofundamento de cada aspecto e a formação pessoal, imprescindível para a prática. Definir parâmetros especiais para cada indivíduo, respeitando sua individualidade e a relação que estabelece com o outro, os objetos, o espaço e consigo mesmo, requer uma escuta livre de preconceitos e, no limite, de si mesmo. As relações que se concretizam levam um pouco de cada um; para o profissional, essa consciência é fundamental, uma vez que ele precisa ser livre das interferências das próprias questões pessoais.

A prática psicomotora relacional é uma ferramenta que possibilita receber o outro em sua inteireza, considerando suas capacidades pessoais e grupais, com respeito e responsabilidade no acolhimento e no direcionamento necessários ao atendimento das demandas. Todo esse trabalho realiza-se por meio de uma construção de investimento, de um lado, do profissional e, de outro, do indivíduo.

A progressão acontece a partir do momento em que o indivíduo deixa-se penetrar. Na prática psicomotora relacional, o profissional investe nas potencialidades do indivíduo, e este, por sua vez, permite-se e estabelece um elo de confiança e parceria.

As reflexões reunidas nesta obra fortalecem as questões do trato pessoal e ressaltam as especificidades da prática, incluindo algumas possibilidades do olhar e da escuta. Em última análise, revelamos a imensidão de um trabalho que comporta o acolhimento e a valorização da pessoa, que recebe o outro com amor e respeito para, em conjunto, trilhar os caminhos da superação.

Referências

AUCOUTURIER, B. **Los fantasmas de accíon y la práctica psicomotriz**. Barcelona: Graó, 2004.

BARBOSA, L. M. S.; SOUSA, M. S. T. de. **Segredos do aprender**: a psicopedagogia e as elaborações simbólicas. São José dos Campos: Pulso, 2010.

BATISTA, M. I. B.; GUERRA, A. E. L.; VIERA, J. L. **Prática profissional supervisionada**. CIAR, 2012. Curso de Formação Especializada em Psicomotricidade Relacional. Apostila digitada.

BRANCO, M. E. C. e. **João dos Santos**: saúde mental e educação. 3. ed. Lisboa: Coisas de Ler, 2016.

BUENO, J. M. **Psicomotricidade**: teoria e prática – da escola à aquática. São Paulo: Cortez, 2013.

CARNEIRO, C. F. ; LLAURADÓ, C. C. O ensino da psicomotricidade no Brasil: a construção de um panorama sobre os cursos de pós-graduação no território nacional. In: SOUSA, D. C.; DEMARCHI, J. M.; CARNEIRO, C. F. (Org.). **Psicomotricidade**: pensamentos e produções ibero-americanos. Fortaleza: Imprece, 2016. p. 428-455.

COSTA, J. **Um olhar para a criança**: psicomotricidade relacional. Lisboa: Trilhos, 2008.

DOLTO, F. **A imagem inconsciente do corpo**. São Paulo: Perspectiva, 2015.

FONSECA, V. da. **Desenvolvimento humano**: da filogênese à ontogênese da motricidade. Lisboa: Edições 70, 1989.

_____. **Desenvolvimento psicomotor e aprendizagem**. Porto Alegre: Artmed, 2008.

_____. **Psicomotricidade e neuropsicologia**: uma abordagem evolucionista. Rio de Janeiro: Wak, 2010.

GUSI, E. G. B. **Psicomotricidade relacional**: um método para o desenvolvimento pessoal e profissional do professor. Dissertação (Mestrado em Educação) – Pontifícia Universidade Católica do Paraná, Curitiba, 2016. Disponível em: <http://www.biblioteca.pucpr.br/pergamum/biblioteca/img.php?arquivo=/00005b/00005b12.pdf>. Acesso em: 5 abr. 2019.

HURTADO, J. G. G. M. **Dicionário de psicomotricidade**. Porto Alegre: Prodil, 1991.

LAPIERRE, A. **Da psicomotricidade relacional à análise corporal da relação**. Curitiba: Ed. da UFPR, 2002.

LAPIERRE, A.; AUCOUTURIER, B. **Fantasmas corporais e prática psicomotora**. São Paulo: Manole, 1984.

_____. **Simbologia do movimento**: psicomotricidade e educação. Curitiba: Filosofart, 2004.

LAPIERRE, A.; LAPIERRE, A. **O adulto diante da criança de 0 a 3 anos**: psicomotricidade relacional e formação da personalidade. Curitiba: Ed. da UFPR, 2010.

LAPIERRE, A.; LLORCA, M.; SÁNCHEZ, J. **Fundamentos de intervención en psicomotricidad relacional**: reflexiones desde la práctica. Málaga: Aljibe, 2015.

LEVIN, E. **A clínica psicomotora**: o corpo na linguagem. Petrópolis: Vozes, 1995.

LLORCA, M.; VEGA, A. **Psicomotricidad y globalización del curriculum de educación infantil**. Málaga: Aljibe, 1998.

MARTINS, R. F. R. Desafios da psicomotricidade numa sociedade em mudança: aportes da experiência europeia. **Revista Ibero-Americana de Psicomotricidad y Técnicas Corporales**, n. 40, p. 5-12, 2015.

MASTRASCUSA, C.; FRANCH, N. **Corpo em movimento, corpo em relação**: psicomotricidade relacional no ambiente educativo. Porto Alegre: Evangraf, 2016.

MEUR, A. de; STAES, L. **Psicomotricidade**: educação e reeducação. São Paulo: Manole, 1991.

MORIN, E. **Os sete saberes necessários à educação do futuro**. São Paulo: Cortez, 2004.

PIAGET, J. **A formação do símbolo na criança**: imitação, jogo e sonho, imagem e representação. Rio de Janeiro: Guanabara Koogan, 1978.

ROSA NETO, F. **Desenvolvimento neuropsicomotor do latente ao ensino fundamental**. Palhoça: Ed. Unisul, 2011.

SÁNCHEZ RODRIGUEZ, J.; LLORCA LLINARES, M. **Recursos y estrategias en psicomotricidad**. Málaga: Ediciones Aljibe, 2008.

SANTOS, J. dos. **A casa da praia**: o psicanalista na escola. Lisboa: Livros Horizontes, 2007.

SERRANO, P. **A integração sensorial**: no desenvolvimento e aprendizagem da criança. Lisboa: Papa-Letras, 2016.

Bibliografia comentada

COSTA, J. **Um olhar para a criança**: psicomotricidade relacional. Lisboa: Trilhos, 2008.

O pesquisador português João Costa traça um apanhado histórico e esclarecedor sobre psicomotricidade. Também descreve características do atendimento clínico em psicomotricidade relacional.

LAPIERRE, A. **Da psicomotricidade relacional à análise corporal da relação**. Curitiba: Ed. da UFPR, 2002.

O livro apresenta a construção conceitual de André Lapierre sobre a psicomotricidade relacional e o trabalho terapêutico com adultos.

HURTADO, J. G. G. M. **Dicionário de psicomotricidade**. Porto Alegre: Prodil, 1991.

O livro é ótima fonte de consulta para o estudo da psicomotricidade, pois expõe conceitos e atividades dos elementos básicos psicomotores.

LAPIERRE, A.; LAPIERRE, A. **O adulto diante da criança de 0 a 3 anos**: psicomotricidade relacional e formação da personalidade. Curitiba: Ed. da UFPR, 2010.

Os autores apresentam uma experiência de pai e filha com a prática psicomotora relacional, além de tratarem das características dos materiais utilizados e das fases de progressões no brincar.

LAPIERRE, A.; LLORCA, M.; SÁNCHEZ, J. **Fundamentos de intervención en psicomotricidad relacional**: reflexiones desde la práctica. Málaga: Aljibe, 2015.

Excelente livro de autoria dos professores canários e de Anne Lapierre, no qual os autores desdobram as características da prática psicomotora relacional e o atendimento de crianças patológicas.

LEVIN, E. **A clínica psicomotora**: o corpo na linguagem. Petrópolis: Vozes, 1995.

Essa obra aborda aspectos históricos da psicomotricidade e características do atendimento clínico, além de apresentar um interessante estudo de caso.

Respostas

Capítulo 1
1) a
2) b
3) c
4) c
5) d

Capítulo 2
1) c
2) a
3) a
4) c
5) b

Capítulo 3
1) a
2) c
3) a
4) d
5) d

Capítulo 4
1) d
2) b
3) a
4) b
5) d

Capítulo 5
1) c
2) b
3) a
4) a
5) d

Capítulo 6
1) a
2) b
3) d
4) a
5) d

Sobre a autora

Elisângela Gonçalves Branco Gusi é mestre em Educação pela Pontifícia Universidade Católica do Paraná (PUCPR), especialista em Psicomotricidade Relacional pelo Centro Internacional de Análise Relacional da Faculdade de Artes do Paraná (FAP/CIAR) e em Psicopedagogia pela Universidade Tuiuti do Paraná (UTP), e graduada em Pedagogia pela Universidade Positivo. É professora nas áreas de psicomotricidade, psicopedagogia e formação de professores de diversos cursos de graduação, de pós-graduação e de extensão. É sócia-proprietária do Instituto Siel (www.institutosiel.com.br), onde gerencia a área clínica e desenvolve cursos e materiais para professores e terapeutas. Atua como psicomotricista relacional na clínica e em escolas, atendendo crianças e jovens. Com mais de 23 anos de experiência em educação, já apresentou e publicou trabalhos em congressos nacionais e internacionais. É membro da Comissão Científica da Associação Brasileira de Psicomotricidade Capítulo Sul.

Impressão:
Abril/2019

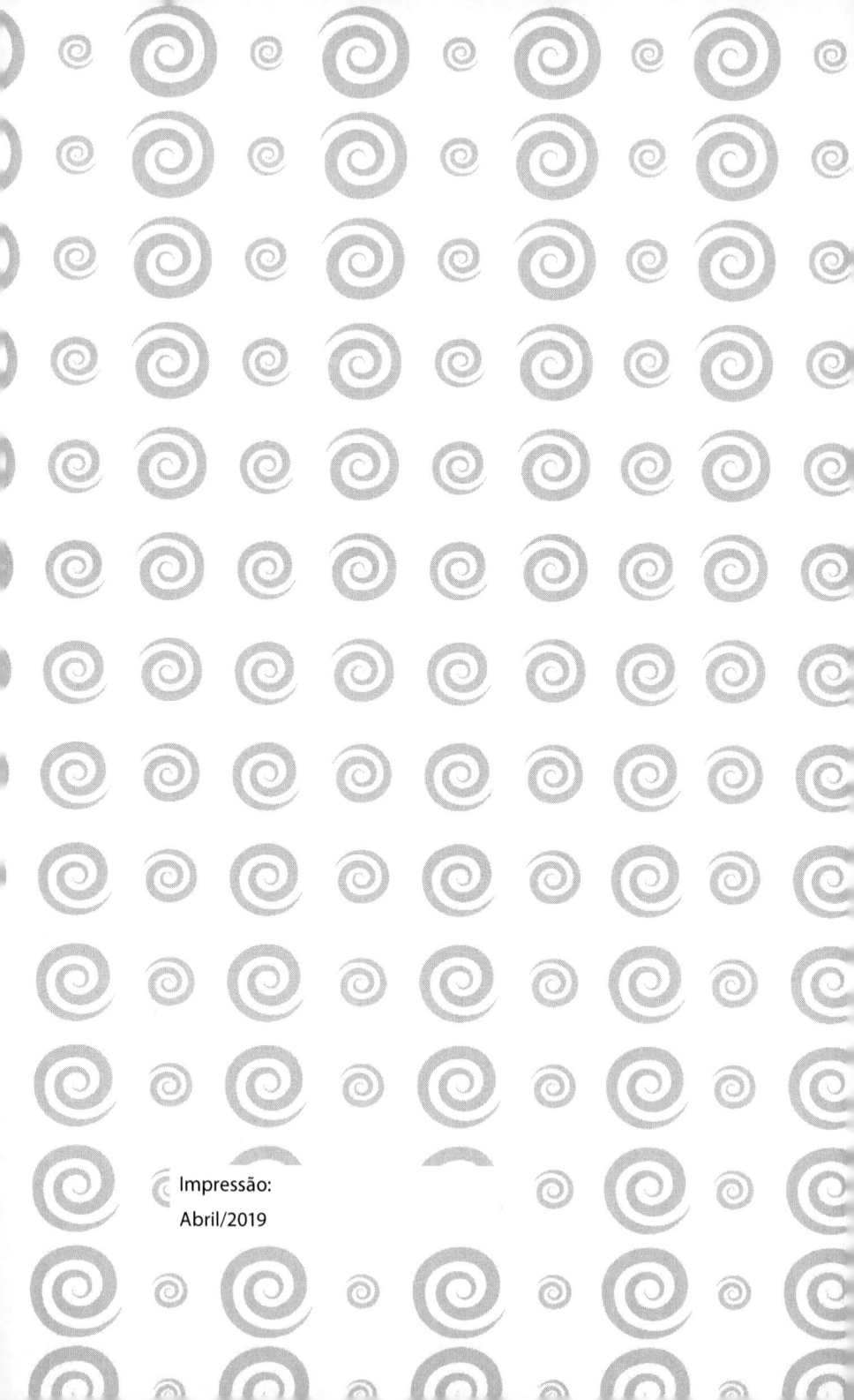